武藏（一）

八卦掌

郭玉成　总主编

孟涛　本册主编

人民体育出版社

图书在版编目（CIP）数据

八卦掌 / 孟涛本册主编. -- 北京：人民体育出版社, 2023

（武藏 / 郭玉成总主编；1）

ISBN 978-7-5009-6230-4

Ⅰ.①八… Ⅱ.①孟… Ⅲ.①八卦掌 Ⅳ.①G852.16

中国版本图书馆CIP数据核字(2022)第185986号

*

人民体育出版社出版发行

北京新华印刷有限公司印刷

新 华 书 店 经 销

*

787×1092　16开本　15印张　279千字

2023年6月第1版　　2023年6月第1次印刷

印数：1—3,000册

*

ISBN 978-7-5009-6230-4

定价：73.00元

社址：北京市东城区体育馆路8号（天坛公园东门）

电话：67151482（发行部）　　邮编：100061

传真：67151483　　　　　　　邮购：67118491

网址：www.psphpress.com

（购买本社图书，如遇有缺损页可与邮购部联系）

总编委会

主　任：李　鲎　　陈佩杰

副主任：潘　勤

总主编：郭玉成

秘书长：李守培

办公室：刘韬光　　冯孟辉　　侯天媛

总主编单位

上海体育学院

中国体育历史研究院

中国体育非物质文化遗产研究院

全国普通高校中华优秀传统文化传承基地（武术）

编委会
Editorial Committee

"武藏"总序

　　中华文明，源远流长。从"文"的视野，5000多年文明史孕育发展了以儒、释、道为代表的思想文化精粹，汇集儒家典籍文献的《儒藏》，汇聚佛教、道教经典及其注疏的《佛藏》《道藏》，成为守望中华文化、赓续中华文脉、传承中华文明的重大标志性文库。从"武"的视域，武术作为中华文明的一种标识性、独特性、系统性知识体系，体现了中国人"以武入道"对于人伦、物理、心性的深入探察，凝聚着中华民族数千年传延的集体智慧，同样亟待形成一套集大成文库，以助力中华文明在与世界文明的交流、交融、交锋中，更好地展现独特文明基础、根本思想基质、特色文化基因。

　　2019年7月27日，上海体育学院武术学院正式启动"武藏"编纂工程，旨在通过这套权威性、系统性、传世性的大型武术丛书，对中华武术进行系统梳理与全面总结。编纂工作本着"辨章学术、考镜源流"的理念，以20世纪80年代全国武术挖掘整理工作初步查明的"源流有序、拳理明晰、风格独特、自成体系"的129个拳种为重点，主要按照"一拳一册"方式分期推进。首先，以"史文结合、技理兼备、图说并举"为思路，确立一套结构统一、逻辑清晰、科学合理的编纂体例，主要涵盖各拳种的渊源脉络、技理技法、武谚歌诀、经典套路、攻防解析等内容，要求不同拳种的整理在内容上各彰其彩、在纲目上趋于一致。其次，以"知历史、明理论、精技术、擅研究"为标准，结合各拳种古今主要传承地域，汇聚相关资深专家、知名学者、青年才俊、非遗传承人共研共编，加大资源普查、加强信息采集、加深研究阐释，融学术性、专业性、通识性为一体，力求详实、准确、客观反映各拳种历史、文化、技术全貌。最后，以"精采慎择、精思谨述、精审严校"为原则，贯穿史料搜筛、分析论证、文句表述、审编排校等环节，形成体现和代表国家最高水平的武术类"藏"书成果，以关照历史、服务当代、惠泽未来。

当前，世界百年未有之大变局加速演进，面对前所未有的世界之变、时代之变、历史之变，中华各民族间的交往、交流、交融，世界各文明间的互通、互鉴、互惠，已成为构筑中华民族共有精神家园、构建人类命运共同体的重要路径。由此，立足中国、放眼世界，"武藏"对于中华各民族历经沧桑、共同创造的灿烂武术文化，展开系统整理和专业阐释，是在建设一个融民族性与世界性、时代性与历史性、理论性与实践性为一体的中华武术文献库藏，不仅有助于强化中华民族赖以生存和发展的精神世界，使各民族人心归聚、精神相依，铸牢中华民族共同体意识，还有益于以武术为载体，向世界传播中华文明的行为方式、思维模式、价值倾向，进而为维护世界文明多样性，构建"以文明交流超越文明隔阂、以文明互鉴超越文明冲突、以文明共存超越文明优越"的世界文明新格局贡献中国智慧。

郭玉成

2022年9月29日

目　录

第一章 八卦掌概述

八卦掌，亦称"转掌"，是以掌法变换和行步走转为主、注重内外兼修的中国传统武术拳种，与太极拳、形意拳并称为三大内家拳。其绕圆走转的独特练功形式享誉武林，为世人所称道。八卦掌历经近200年的传承，特别是近半个世纪以来，在国内外得到了迅速而广泛的传播。相关的社会组织、拳种研究会纷纷成立，以传承和弘扬八卦掌及传统武术文化为目的，团结各门派八卦掌传人，共同致力于八卦掌的传承与发展。《武林志》《一代宗师》等影视作品对于八卦掌的传播也起到了很好的宣传作用，更有许多专家学者关注到八卦掌独特的健身价值而不断加以研究，从不同方面展现着八卦掌这一中国传统武术拳种的文化魅力。2008年6月，八卦掌被列入国家级非物质文化遗产名录，先后有三位八卦掌名家（任文柱、孙志均、刘敬儒）获得国家级非物质文化遗产代表性项目代表性传承人的称号。本章将从八卦掌的历史溯源、八卦掌主要流派与传承谱系以及当前发展状况进行概述。

第一节 八卦掌的历史溯源

众所周知，明末清初是中国武术大发展、大繁荣的重要历史时期，许多拳种流派在这一时期得以成型，呈现出拳种林立、百花齐放之态。"以史为鉴，可以知兴替"，了解和探究八卦掌的起源和发展历程，不仅可以深入挖掘其悠久的历史文化内涵，更可以为八卦掌在当代的传承与可持续发展提供参考和借鉴。相较于其他武术拳种，八卦掌在众多拳种之中虽成型较晚，但却以独特的风格著称于世、流传甚广。有关八卦掌的创立及其由北京发祥进而辐射全国走向世界的历程，一直是人们关注的话题，也存在颇多的争议。民间拳家和专家学者纷纷通过相关史料和走访调查，探究八卦掌的起源、流派特点以及传承谱系等，为人们深入了解八卦掌提供了宝贵的历史资料和独特见解。

一、关于八卦掌创始人

关于八卦掌的起源和创始人，历来众说纷纭，至今没有达成统一的共识。祖籍河北文安县朱家务村的董海川，是人们谈论八卦掌时无法回避的一个传奇人物，有关他的故事在小说、电影以及评书中都有很多描述和生动表现，作为现今公认的传承源头，无疑成为八卦掌创始人争论的焦点。因此，关于八卦掌创始人是否为董海川，也被众多学者不断考证和推断。

《八卦掌源流之研究》一文中，作者通过对清宫档案、史书和武术专著等文献资料的调研，结合实地考察等方法，证明在董海川之前没有八卦掌这一拳术，并推断董海川是八卦掌的前身——"转掌"的创始人，是雄县开口地区流传的拳式和道家"转天尊"的走圆圈相结合而形成的一种拳术[1]。还有诸多著作如《八卦掌简编》（尹玉章，1932）、《八卦转掌源流》（吴峻山）、《国术珍闻》（金一明）等书籍中都曾提到"八卦掌传自董海川先生"。另外，徐哲东所著《国技论略》、褚民谊的《国术源流考》以及董公再传弟子孙禄堂的《八卦拳学》、姜容樵编著的《八卦掌》等书籍中都认为八卦掌不知何人所创。

董海川于清光绪八年（1882）冬逝世后，由其亲授弟子尹福、程廷华等，再传弟子张逸民、马贵等，以及后辈传人先后修建了四座墓碑。其中的"董公墓志铭"也成为了后人探寻八卦掌源流和寻根问祖的历史见证。从碑文一的"遍游四方……后遇黄冠，授以武略"，到碑文二"公神力得自天授，而技艺又获自仙传"，再到碑文三"弱冠后侠访江南九华山上，得遇仙传，艺遂大精"，不管是道士还是仙人的传授，"董公墓志铭"都清楚地说明八卦掌是他人传授于董海川，而从碑文上却未能表明是何人传授，其姓名或道号并未澄清，碑文的内容间接地说明了董海川并非八卦掌真正的创拳之人。

碑文一　董先生墓志铭（1883）

（碑额有"后生宗鉴"款识）

先生姓董讳海川，世居文安城南朱家务。少任豪侠，不治生产。法郭解之为，济困扶危，不遗余力。性好田猎，日骋于茂林之间，群兽为之辟易。及长，遍游四方，所过吴越巴蜀，举凡名山大川，无不历险搜奇，以壮其襟怀。后遇黄冠，授以武术，遂精拳勇。不意中年蹈司马公之故辙，竟充宦官。先生嫉恶如仇，时露英气，同人即起猜嫌，改隶肃邸。因老气骸，始得寓外舍。请艺者，自通显以至工贾

[1] 康戈武，张文广，门惠丰. 八卦掌源流之研究（摘要）[J]. 北京体育学院学报，1982（3）：61-62.

与达官等几及千人，各授一艺。尝游塞外，会数人各持利器，环而击之，先生四面迎拒，捷如旋风，观者群雄无不称为神勇惮其风采。及至弥留之际，从者启其手足诚如铁汉，越三日，端坐而逝，意者以为羽化。都中门人服缟素者百余人，因营葬于东直门外，距城里许，哀痛难忘，议立表识，以伸响往之忱。

光绪九年春二月立石

碑阴铭文

（额题"徽则攸远"）

铭曰：先生其灵气之所钟也，何生而有异于人。脱令壮年，仗剑以从军，吾焉知其所不扫荡乎烟尘，即不幸而为隐君子，亦可蠖屈以完身。乃郁折而白圭有玷，岂其有隐痛而生不逢辰。然身虽泯而名则荣，其谁曰不抱璞而全贞。呜呼，自古燕赵多慷慨悲歌之士，不禁抗怀屠狗，独黯然其销魂。

尹福、马维祺、史继栋、程廷华、宋长荣、孙天章、刘登科、焦毓隆、谷毓山、马存志、张均、秦玉宽、刘殿甲、吕成德、安分、夏明德、耿永山、魏吉祥、锡章、王辛盛、王怀清、沈长寿、王德义、宋紫云、宋永祥、李万友、樊志涌、宋龙海、王永泰、彭连贵、付振海、王鸿宾、谷步云、陈春林、王廷桔、双福、李长盛、徐兆祥、刘宝贞、梁振圃、张英山、郭玉亭、赵云祥、张金奎、焦春芳、刘凤春、司元功、张铎、清山、何五、何六、郭通海、徐鹤年、冯濂、李春年、陈泮。小门生：张逸民、马贵、杨峻峰、刘金印、文志、奎玉、王志、世亭、居庆元、刘印章、耿玉林。

大清癸未春
铁岭贵荣撰
沈阳清山书

碑文二　文安董公墓志（1904年）

名之于人大矣哉，有汲汲求名而名不传者，有操必传之术而乃韬光养晦，转以自匿，久之宏中肆外而名以日显。若吾师董公殆其人欤。公讳海川，文安人，生有神力，幼以武勇名乡里，弱冠后技益精。访友于江皖，迷失道入乱山中，终日不得出，度无生理。忽有人于山巅招之以手，乃攀藤附葛而上，至则其人谓之曰："师候汝久矣。"因导之行，见庙字奇幻，类非人世，蜿蜒而入。历数处，一道者装，童颜鹤发，遥谓之曰："汝来何迟乎。"遂授以击刺进退之法，练神导气之功，凡其所传，皆平日所未闻未睹者。居久之又谓曰："汝行矣，可以问世矣。"遂麾之使出。比回视，则烟云缥缈，已失其处。噫！此公至诚所感，所遇者其殆仙欤。公神力得自天授，而技艺又获自仙传。此后遂无有能敌之者。后缘事入肃邸效力，蒙赏七品首领职。以故公在都之时多，公性情退让，不欲见异于世，然既负绝艺，游其门者常数十百人，名由是历久弥彰。公往矣，至今都人士犹啧啧称道弗衰。福等久恭门下，未忘汲芳徽，今特略志梗概，铭诸贞石云。

大清光绪三十年岁在阏逢执徐仲春上浣

门人尹福等敬立

光绪三十年碑阴

"永垂不朽"

河北国术馆教职员：

李盛清、何中麟、何万财、何淑珍、樊连印、卢书英、邱长通、博海玉、马玉成、卢蕴苓、王林明、何淑芳、李荣贵、霍文秀、李绪纶、何忠义、董信言、何忠祥、何玉明、何淑容、赵近喜、霍芳淑、周学义、霍瀛海、郑廷杰、霍金章、李长立、霍常永、崔信仁、卢瑞庆、王双龄、卢润臣、阎启喜、卢云发、黄绪斌、卢蒲容、唐崇瑞、卢金祥、李荣、卢书廷、周志立、卢树堂、赵殿英、卢润身、王修祥、周书年、付崇安、卢德声、王步云、卢清声、杨长明、卢道声、林景周、卢撮声、李长德、卢盖声、赵良臣、卢爱声、刘宋智、尹福。

碑文三　董公墓志〔1930年〕

董公海川，河北文安人，力大貌奇，方腰骈肋，素好技击，勇武过人。弱冠后侠游九华山上，得遇仙传，艺遂大精。十数勇士围攻，手到皆疲。尤有奇者，屋上黄鸟群噪，公纵身上跳，连擒其三。更有剑击专家，特与公赛，公则赤手空拳，夺其械踏其足，赛者皆靡。公手长过膝数寸，故拳掌出人意外，皆难防范，有异遇因有异数，名噪一时，争相师事，前后门徒不啻千百，深恐支派繁衍系统紊乱，爰公议二十字传统并刊碑，以垂永久。

传统字：

海福寿山永，

强毅定国基，

昌明光大陆，

道德建无极。

第五世后学　汪慧书丹

中华民国十九年三月二十六日

马贵、门宝珍、冯俊义、张殿凯、何金奎、

尹玉章、卢书魁等公立

碑文四　文安董公墓志（1930年）

公董氏讳海川，文安人。生有大力，以勇武称于乡里。弱冠后，遂以武术名，游其门者约数十百人之多。至今都人士犹称道弗衰。此其艺断非常人所能及也。盖赏读公之略历，始知公之技艺，实为得之於仙者矣。至于仙传之妙，前人论其详，书魁毋赘述，所最令人钦佩者，公之性情退让，不欲见异于人，而卒享大名于后世，噫！公之艺术，冠绝群伦。书魁虽未得为公之徒，而既私淑诸人殆无异亲炙于公之门下也。书魁受业获益良多，故感公之大德，而铭之于石云。

第四世后学卢书魁等敬立

第五世后学汪慧敬书

中华民国十九年岁次上章敬祥，仲春月上浣敬立[1]

（转引自刘敬儒，1999）

民间流传的关于八卦掌创始人的说法大致有以下几种：其一，为董海川游历四方，其艺得于仙传；其二，为董海川根据在河北雄县开口地区流传的拳式与道家"转天尊"的走圈相结合而形成转掌；其三，为八卦掌的出现与清代民间宗教组织有关，特别是与曾产生过重大历史影响的"八卦教"有着深厚的历史渊源；其四，是以任致诚于1937年著刊的《阴阳八盘掌法》为依据，认为阴阳八盘掌就是八卦掌，梅花拳与八卦掌具有渊源关系[2]。关于八卦掌创拳争论颇多，始终无法达成共识。但通过对民间传说与史料考证的综合考量，董海川作为八卦掌的首传人还是得到了比较一致的肯定，八卦掌各流派都奉董公为祖师爷。

二、关于八卦掌发祥地

董海川作为八卦掌的首传人得到了武术界和社会上的广泛认同，了解其传拳的历史轨迹，便能探寻到该拳种传承与发祥的起始地域。满清入关后定都京师，相传董海川因躲避朝廷抓捕而入肃王府当差，期间机缘巧合展露功夫，得以被王爷赏识。此后，肃王命董海川在府内教拳，正式开创八卦掌一门。由于董海川所练拳法区别于以往流传的任一拳种，引起众多武术家的好奇与质疑，纷纷前来与董海川比试切磋。当中不乏有精通罗汉拳的尹福、自幼摔跤成名的程廷华、精通大枪的刘德宽、善用弹腿的史继栋等，他们都在接连败给董海川后拜其为师，由此八卦掌开始

[1] 刘敬儒. 八卦掌［M］. 北京：北京体育大学出版社，1999.

[2] 时传霞，尹洪兰. 八卦掌源流的探讨［J］. 山东体育学院学报，2013，29（1）：56-59.

了第二代的传承。清同治十三年，董海川因年事已高遂辞去王府的差事，游居于弟子家中专心教拳。据文献记载，当时来跟董公学艺的人络绎不绝，且多为带艺投师，董海川所授之徒有8大弟子和11位小门生之说，而最为后人所熟知的著名弟子则非尹福和程廷华莫属。

董海川虽祖籍河北文安，但自其少小离家之后却再未返回原籍，而是终老于北京。其传拳的整个过程也是在北京，因此很多依据都表明北京是八卦掌这一拳种的主要发祥之地。旧时，八卦掌在北京素有"南城八卦"和"东城八卦"之说，南城八卦掌指的是由程廷华所传授的八卦掌，因其传人多在北京南城一带活动和传练，护城河畔、前门、天坛一带是程氏八卦掌传人的主要练功地点；而尹福所传八卦掌，初期称为"无极八卦掌"，因尹福家住北京朝阳门外吉市口头条，其传授的八卦掌也被称为"东城八卦掌"[1]。程氏八卦掌创始人程廷华，是河北深县程家村人，在投身于董海川先生门下之后深得转掌精髓且功力深厚，当时武林中慕名与其较技者甚多，但无一不败在他的手下，因其以经营眼镜为业，故人称"神力眼镜程"。程廷华所创立的程氏八卦掌和他对八卦掌传承所做的贡献，对后世影响巨大，他曾代师传艺辅助同门后学多年，并于崇文门外设场执教、广授门徒，"程之八卦，武林声名籍甚，凡言八卦掌，几无不知眼镜程也"。董海川的大弟子尹福，因其身材较瘦，面貌清秀似文弱书生，故人称"瘦尹"。尹福吸取董海川拳艺的精华，又采各拳门之所长，创立了以冷掌技击见长的尹氏八卦掌。尹福曾为光绪拳师，1900年八国联军入侵中国，光绪帝由尹福等人保驾去长安避难，回京后光绪帝赏其金银珠宝并让他在宫中任职。因久居宫中传拳，尹福所收的弟子中虽成就斐然者颇多，但尹氏八卦掌在民间的影响力却不及程氏八卦掌。

北京作为八卦掌的发祥之地，历代名家传人辈出。他们有的驻留京城，有的随着个人的迁徙流动把八卦掌技艺带向全国乃至世界各地，对于八卦掌影响力的提升做出了贡献。北京也有着许多关于八卦掌的传说和故事，天坛始建于明永乐十八年（1420），清乾隆、光绪时曾重修改建。清末民初，很多人在天坛附近做买卖，这里人流如注、往来频繁。彼时，天坛西门的第一道门内是可以随便进出的，那里的环境优美清静，住在附近的居民经常到那里乘凉休息，也有不少人从此处取土盖房或垫地使用，日积月累这里就形成了一个大的坑洼地，但这个洼地却地面平整、铺满细沙，即便下雨也从不积水，是个适合练武的好地方。那时，南城武林前辈们练武和教授武功的主要场所随着城市的发展慢慢被拆除，许多八卦掌前辈都曾转至"天坛大坑"练功、授徒，"天坛大坑"也因此而得名。时至今日，已有百年历史

[1] 王敷. 清官皇家武术——尹氏八卦掌探微 [M]. 北京：线装书局，2021：26.

的"天坛大坑"依然吸引着众多八卦掌习练者，他们日复一日地在此处不停走转、挥洒汗水，续写着"天坛大坑"的八卦掌故事。

第二节　八卦掌的流派与传承谱系

董海川先师在北京地区首传八卦掌，将其精湛的技艺传于众多弟子。由于董海川授徒时善于因材施教，且大多数弟子属于带艺投师，其原有技艺功底在一定程度上影响了后世八卦掌技艺的形成，弟子们在习练、揣摩八卦掌的过程中逐渐形成了各自不同的风格与特点，从而演变为八卦掌的各个不同流派。八卦掌各流派在传习过程中并未脱离其原始的拳种特征，以掌为法、以走为先、绕圆走转是其不变的练功法则，只是在拳理拳法的理解和运用上有所区分。八卦掌各流派在演变与发展过程中，相互影响、借鉴与促进，使八卦掌的传承呈现出枝繁叶茂、百花齐放之态，其中以尹氏八卦掌、程氏八卦掌最为著名。

一、主要流派简介

（一）尹氏八卦掌

尹氏八卦掌是由董海川大弟子尹福所创。尹福，清末武术名家，生于1840年，祖籍河北，人称"瘦尹"。年少习武，有着极好的武术功底，后拜董海川先生为师习练八卦掌，将自身武术功底与后来所学技艺融会贯通，形成了具有自身风格特点的尹氏八卦掌，其拳法以"牛舌掌"为显著特点，动作敏捷，步法多走自然步，腿法较多；劲力冷脆，讲求借劲使劲，富于崩弹力，以巧劲破千斤，体现了尹福先生先前所学的罗汉拳、弹腿之特点。

（二）程氏八卦掌

程氏八卦掌创自董海川另一个著名弟子、被后人称为"眼镜程"的程廷华先生。程廷华，字应芳，生于1848年，祖籍河北深县。曾在北京南城花市经营一家眼镜店为生。青年时因摔跤功夫了得而小有名气，后经人引荐师从董海川先生习练八卦掌。程廷华苦心钻研，将摔跤技艺与董公所传八卦掌相融，从而形成了独具特色的程氏八卦掌。其拳法以"龙爪掌"为基本掌形，屈腿趟泥，摆扣得法，横开直入，拧翻走转，动作舒展，劲力沉实，刚柔相济；螺旋力层出不穷，拧裹劲变化万千。程氏掌法的动作路线弧度较大，演练起来动作潇洒飘逸，展现出不同于其他流派的独特魅力。

（三）梁氏八卦掌

梁氏八卦掌由八卦掌第二代名家梁振蒲所创。梁振蒲，字照亭，生于1863年，祖籍河北，幼习弹腿，13岁进京，在万兴估衣庄学徒，故世称"估衣梁"，16岁时因病拜董海川先师学练八卦掌。梁振蒲天生聪慧、尊师重义、刻苦练功不辍，是董海川最得意的弟子之一，最终得其真传，加之自身过硬的武术本领，逐渐形成风格特点突出的梁氏八卦掌。该流派八卦掌在掌法上以穿、带、挑、塌、推、捋、掰、劈等掌法为多；在身法上以拧、坐、揉、抖、旋、翻、颠、撞等身法见长；在步法上以扣、摆、挫、踩、蹚、踢、蹬、踹等步法为主；在形象上以猴头、蛇眼、包背、龙腰、鸡行、虎步、鹏展、鹰旋等形象为尊；同时重视武德传承，强调尊师重道、见义勇为、海纳百川之精神等。

（四）樊氏八卦掌

樊氏八卦掌创始人樊志勇，生于1840年，满族，正白旗，世居北京，人称"樊疯子"。其自幼酷爱武术，曾习少林、弹腿等拳术长达数年，后带艺拜董海川为师习练八卦掌，练武过程中善于动脑，在继承的基础上创新发展，形成了特色鲜明的樊氏八卦掌。樊氏八卦掌也称"内圈八卦掌"，起势于无极，以自我为圆心，两脚自然分开站立，两手环抱于胸前，而后进行练习，主要以"三角步、打四面"为法则，八大掌法则以"三角步、打四面、踩八方、穿九宫"的方式演练，每个掌法以其基本掌式为主，加之拧、翻、走转协调配合，其拳势紧凑，脆快灵变，刚柔相济。

八卦掌流派众多，除上述支脉以外，还有河北冀县人史纪栋所传史氏八卦掌、张占魁所传形意八卦掌、大枪刘德宽所传刘氏八卦六十四掌、高文成所传高氏八卦掌、宋长荣、宋永祥所传的宋氏八卦掌等不同流派在不同地域流传。

二、传承谱系

由于八卦掌在传承过程中，流派分支众多，传承人也随时间的流转逐渐分散到全国各地、世界各国，代代传习之间大多无密切的联系和交流，拜师、收徒等仪式逐渐简化，各个流派又都有各自相对独立的传承谱系，最终导致八卦掌门派中许多传习者之间辈分不明，传承谱系相对混乱的局面。民国时期，由尹氏八卦掌传承人马贵等人所立的董海川先师的第三块墓碑上，镌刻着代表八卦掌传承辈分的二十传统字——"海福寿山永，强毅定国基，昌明光大路，道德建无极"。单从字面上看这二十个字更像是尹氏八卦掌自己的传统字，如一代传人董海川为"海"字，二代传人尹福为"福"字。八卦掌门派的传承就像树木的枝桠一般，不断生出众多分支，各个流派又衍生出众多更小的派系，经过几代的传承，其传承谱系已枝繁叶茂、盘根错节。

第三节　八卦掌的传承与发展现状

传统武术作为中国传统文化的重要组成部分，是在我国历史上形成并得以延续的具有鲜明民族特色的体育活动。传统武术的传承与发展同诸多其他门类的技艺一样，都需要在发展过程中不断地调试和改造，以更好地适应不同时代社会环境的变迁和需求。历经千年传承的中国武术早已脱离了单纯作为技击之术的形态，而是形成了从多方面展现着民族特色的一种文化形态，其存在方式和发展路径都产生了巨大的变化，即实现了武术的现代化转型[1]。八卦掌作为传统武术中独树一帜、特色鲜明的拳种，其在当代的传承与发展中也呈现出传承内容丰富、传承方式多样、价值功能多元等特点。

一、丰富多彩的传承内容

八卦掌在传承过程中逐渐形成了完备的技术体系和理论基础。不同流派虽然在演练风格上呈现不同特点，但在传承的技术体系之中都会包含基础掌法、拳械套路、实战操手等内容，并在发展中得到不断的丰富。八卦掌以绕圆走转为基本运动形式，走也是八卦掌的筑基功法，走转的足迹路线可分为走阴阳鱼、走八卦图、走九宫等。八卦掌的基础掌法包括：八大式（定势八掌）、老八掌（或称八母掌、变势八掌）、六十四掌等；腿法内容也十分丰富，有八卦暗腿、截腿、点腿、卧牛腿与连环腿等。八卦掌的单练套路有龙形八卦掌、八卦游身连环掌等；对练组合与套路有八卦对子、八卦掌对练；八卦掌门的器械套路有子午鸳鸯钺、鸡爪阴阳锐和判官笔等独特短小的双兵器，内灌水银的七星杆以及以器械大而重著称的八卦刀、八卦枪、八卦剑等[2]。

不同的八卦掌流派其传承内容也会略有差异，如程氏八卦掌多强调基础功法的

［1］尹洪兰.近代中国武术的转型研究［M］.沈阳：东北大学出版社，2016.

［2］《中国武术百科全书》编撰委员会.中国武术百科全书［M］.北京：中国大百科全书出版社，1998.

重要性，要从八卦趟泥步练起，循序渐进地习练基础八掌、八大掌、六十四掌、八卦游身连环掌、八卦九宫掌、六十四手、操手和八卦养生功[1]，器械要在掌法熟练以后再行习练。八卦门的器械十分丰富，有刀、枪、剑、棍、钺、笔、钩、杆、轮、锐、戟等。八卦刀是八卦门中最重要的器械之一，如八卦滚手刀、八卦群拦刀、如意金刀、子路刀、片旋刀、转刀等。八卦钺、判官笔是八卦门中独有的别具风格的兵器，程氏八卦门中还有八卦剑、八面战身枪等传统套路，而这些器械的使用方法大多是从八卦掌法中演化而来。

尹氏八卦掌称穿掌为母掌，步法为"寒鸡步"，由穿掌生化孕育出塌掌、推掌、托掌、劈掌、削掌、攒掌、双合掌，共为八掌，八掌再生化八动，一变为八，产生变架而为八八六十四掌。其拳术主要有固定八大掌、八卦六十四式、散掌、八手行掌、乾三连八卦掌、六十四歌诀掌、四平拳、罗汉拳、金刚拳、七十二招、罗汉拳、走掌、炮捶、游身八卦掌等。其器械主要有八卦转刀、片旋刀、青龙大刀、八卦刀、八卦枪、八卦棍、昆吾剑、纯阳剑、青龙剑、子午鸳鸯钺、青龙鞭等。另外，尹氏八卦掌的练功顺序有梯度，其技击练习的顺序讲的就是由练到用的具体练法，由桩功、针对性的练步法、组合练法、揉身滑掌和散手组成[2]。

丰富的传承内容使得八卦掌技术体系日趋完备，不仅为八卦掌这一拳种的传承与发展提供多样而独特的素材，也是中国优秀传统武术文化国际化呈现的主要内核，更是彰显民族文化瑰宝独特魅力、提升国民文化自信的有效媒介。

二、形式多样的传承方式

传统武术能够薪火相传、历久弥新的重要原因，就是因为其自身良好的适应性和它重要的传承方式。传承是纵向而深入的，而传播则是横向而广泛的，传承与传播往往也是相伴而行的。相较于侧重技艺与文化向深度发展的传承模式，传播则更加侧重横向地扩大受众范围，致力于让更多的人了解和认识中国传统武术及其博大精深的文化内涵。目前八卦掌的传承方式正在由过去传统的师徒传承向着更加多样的方式转变，组织传播发挥着越来越重要的作用，融媒时代各种媒介对于八卦掌的传播也起到了很好的宣传推广作用，而校园这一文化传承的主阵地，也在逐步引入八卦掌等传统武术作为学校教育和文化传承的有效补充。

[1] 刘敬儒. 八卦掌［M］. 北京：北京体育大学出版社，2007.

[2] 汪琴. 尹氏八卦掌的发展与传承研究［D］. 上海：上海体育学院，2018.

（一）人际传播形式下的师徒传承

人际传播是人类发展中最重要，也是最广泛的社会行为之一，这一传播形式对于文化的孕育与延续有着极为深远的影响。由于人际传播具有双向互动、反馈及时、手段多样的显著特征，因此成为社会成员之间进行信息交流、完成社会协作的重要方式，也是实现社会文化传承的主要工具。在一定情境下，有效的人际互动不仅可以实现良好的信息传递，还能够促进彼此的相互理解与情感共鸣。

长期以来，武术的传承方式主要依赖于血缘关系或者模仿血缘关系的"师徒传承"。究其原因，主要是因为武术技艺具有封闭性、个体性的特点，师徒之间往往会通过语言、动作、神情等信息符号传达信息，习练者通过多重感官的体验掌握动作技术要领，并全面了解八卦掌的拳法、拳理以及精神意境等。自董海川传拳以来，不同流派的八卦掌在传承过程中，有许多师徒之间都具有血缘关系，但更多的还是以师徒传承这种"一日为师，终身为父"的模仿血缘关系的方式延续着八卦掌技艺的代际传承。口传身授的传统传承方式可以很好的保存八卦掌技理的完整性，并使其得以原汁原味的不断延续，这是其它任何方式都无法超越和取代的。然而这种方式往往受到血缘、性别、地域等条件的制约，导致受众人数无法大规模增加，不利于八卦掌的广泛传播。如何突破传统师徒传承的局限性，让更多的人了解、喜爱和习练八卦掌是亟待解决的关键问题。

（二）组织传播形式下的协会传承

组织是通过协调活动来实现个人与集体目标的一种社会集合团体。而组织传播是为了完成组织目标而创造和交流信息的过程。在协调活动进行过程中，组织内部之间、组织与外部社会环境之间不断进行交流与沟通，逐渐结成一定规模的群体网络，从而实现范围更广、影响更大的传播效果。在组织传播的推广形式之下，八卦掌有序而广泛地在国内外得以传播和发展。

北京八卦掌研究会成立于1982年4月，是全国首个单一拳种研究会，现已更名为北京市武术协会八卦掌专业委员会。研究会成立后，主要致力于八卦掌的普及、推广与研究工作，通过积极参与国内外武术赛事、交流活动，建立八卦掌辅导站，编纂印制研究会会刊，出版专著、音像制品和开展研讨活动等形式，极大地推动了八卦掌的当代发展。经过近40年的不懈努力，在北京市武术协会领导下，历任会长和八卦掌专委会同仁共同致力于八卦掌的传承与发展，目前其会员人数已超过2000人，影响力和影响范围也逐渐扩大。

除北京以外，其他各省市八卦掌组织也相继成立。1996年，刘树行发起成立了天津市武协程派高氏八卦掌研究会，并联络山东八卦掌同门人，分别在济南、滨州、东营、广饶、无棣、阳信、金乡等地成立程派高氏八卦掌研究会分会[1]。以传承沙国政先生技艺为宗旨的云南沙国政武术馆、沙国政拳法研究会、昆明市沙氏武学研究会等，也对八卦掌在国内外的传承与传播起到了积极的作用[2]。1988年2月在溧阳成立史氏八卦掌研究总会，后迅速在南京、上海、徐州、无锡、杭州等地设立了史氏八卦掌研究分会[3]；上海市八卦掌协会也于2010年12月6日在上海市科学会堂成立[4]。众多八卦掌组织的成立对于八卦掌的传承与发展无疑可以起到重要的推动作用，各地八卦掌组织应建立良好的沟通、协作机制，加强人才培养，创新传播模式，以使组织运作模式更加规范和有效。

（三）大众传播形式下的媒介传播

大众传播是一种大规模的信息传送过程，有着传播范围广阔、影响力显著的特点。文化信息在媒介系统广泛、迅速、持续不断地输出之下，潜移默化渗透到社会生活的方方面面，借助报纸、杂志、电视等传统媒介进行大规模宣传，并以互联网作为信息交流的平台，拓展大众传播的实施路径，有效地利用大众传媒的传播优势，是扩大八卦掌传播影响力的现实路径之一。

目前，八卦掌的媒介传播方式以个人发布的功法展示为主，官方武术组织发布的八卦掌内容相对较少。新冠肺炎疫情席卷全球期间为了满足国际武术爱好者的习练需求，国际武联开设了"武术云课堂"项目，在课堂中涉及八卦掌教学的课程包括"八卦掌基础功法"直播课、"八卦掌基础之定式八掌"短视频录播课、"八卦掌基础教学之八字功"短视频录播课。其中，直播课直接采用英语教学，录播课为双语视频的形式，通过Zoom、武术TV以及国际武联官网等教学平台，面向全球的武术爱好者开展八卦掌线上教学课程，一定程度上推动了八卦掌的国际化传播。北京市武术运动管理中心官方网站与微信公众平台均有发布八卦掌定式八掌教学视频，以公众号形式推广的八卦掌教学课程获得了一定的关注度，有助于扩大八卦掌的传播。

大众媒介传播以其投资小、覆盖面广、接受群体大，而被认为是最有效便捷的

［1］徐俊杰. 非物质文化遗产视角下的程派高氏八卦掌研究［D］. 天津：天津师范大学，2012.

［2］孔令超. 沙式武术传承与可持续发展研究［D］. 昆明：云南师范大学，2019.

［3］明桂林，狄建强，夏承海. 八卦掌研究之历史渊源、项目特点及推广研究［J］. 武术研究，2020，5（12）：47-50.

［4］汪琴. 尹氏八卦掌的发展与传承研究［D］. 上海：上海体育学院，2018.

传播方式。在多媒体信息技术发展迅速的今天，自媒体在媒介市场占据着重要地位，比如微信、微博、短视频平台等，为武术的传播提供了许多便利条件。但就目前的情况来看，八卦掌相关组织和机构尚未充分利用当下的媒介传播条件实行全方位的拳种传播。加大八卦掌线上传播力度、通过影视传媒手段或数字化媒介平台拓展其宣传空间，利用网络即时性、海量化的传播特点，提高八卦掌的受众面与关注度，使其能够在"互联网+"时代激烈的文化竞争中得以持续地生存、传承和发展。

（四）正在开拓的校园传承模式

由于学校教育兼具组织传播与大众传播的双重属性，让传统武术走进校园是普及优秀武术拳种、弘扬民族传统文化的重要路径。为更好地发挥中国武术对德智体美劳全面培养教育体系的支撑价值，全国普通高校中华优秀传统文化传承基地（武术）、全国学校体育联盟（中华武术）共同发出了中国武术教育倡议[1]。随着八卦掌入选国家级"非遗"项目名录后，受到了外界更为广泛的关注，借助中国武术教育倡议发起的契机，八卦掌的校园传承应尽快落实。目前有许多民间武术传承人希望与院校合作，尝试将传统武术带入校园。

首都体育学院是较早开展"武术名家进课堂"活动的高等体育院校，曾聘请多位传统武术名家走进大学课堂。2021年9月，"传统武术非遗项目进校园"活动邀请到八卦掌名家刘敬儒先生和他的徒弟韩燕武老师共同走进学校，为首都体育学院武术套路专项班学生传授八卦掌。此类活动的开展，不仅能够丰富学校武术课程资源，还有助于提升武术专业人才对传统武术的认知和体悟，同时也可以为八卦掌在中小学校的广泛开展培养更多的师资力量。文柱武校是河北省文安县的一所武术馆校，校长就是远近闻名的八卦掌名家任文柱先生，武校充分利用自身办学优势，将传统八卦掌的习练作为课堂教学的主要内容之一，促使学生们更好的体会到了传统武术的魅力，对于八卦掌在文安地区的普及推广做出了贡献。

传统武术在校园中的传承与发展，离不开国家政策的引导、学校的配合以及家长的认同与支持，更需要完备的师资队伍，有组织、有规模地进行宣传与推广，才能使武术非物质文化遗产的保护与活态传承获得有力的支撑。

三、价值功能的多元化展现

八卦掌作为浩瀚武林中的一朵奇葩，因其独特的习练风格、良好的健身和技击

---

[1]郭玉成，李守培，刘韬光，等.中国武术教育倡议[J].武术研究，2021，6（12）：2.

价值，以及历代八卦掌先辈的继承与发扬，如今已成为中国武术文化中不可或缺的拳种技艺。其价值功能也被不断地发掘与利用，以满足当代人们愈发多元的需求，同时也在众多领域发挥着不可替代的作用。

在竞技武术领域，八卦掌被列为世界传统武术锦标赛的正式比赛项目，通过竞赛的形式让世界各国人民领略八卦掌的风采；在大众健身领域，八卦掌作为被世人公认的三大内家拳之一，融健身、养生于一体，特别是其独特的绕圆走转练功方法，对身体各部位的肌群都有非常显著的锻炼效果。目前已有研究表明，习练八卦掌能够有效缓解久坐人群颈腰部疼痛症状，对于老年人防跌倒也可以起到很好的预防作用。此外，八卦掌中蕴含的文化内涵、哲学思想也是人们以武悟道的载体，继承和发扬八卦掌能够在很大程度上提升文化自信和民族自豪感。

八卦掌虽然在功能价值上凸显出了多样性，但在现实的传承与发展过程中仍存在着诸多问题，如：现代多元体育文化与传统文化传承的冲突与矛盾；内容体系繁琐并缺乏充分的科学化阐释，相关研究较少；传承主体和传承人日益匮乏；政府支持与保护力度不够完善等。因此，当代社会需要运用现代化科学手段对其功能进行开发与探索、创新与发展，以此将传统文化与现代需求达成一致。

第二章　八卦掌拳理功法阐释

第一节　八卦掌与八卦学说

八卦学说是中国传统哲学内容之一，代表易学文化，渗透在东亚文化的各个领域。《周易》中用"━━"（阳爻）和"━ ━"（阴爻）两种符号组成的八种基本图形作为八卦学说的符号，用来表示自然界中天、地、水、火、风、山、泽、雷八种物质，再挂起来供人观察和分析研究，这种特定的符号叫"卦"。因为八种物质用八个卦表示，所以称作八卦[1]。八卦囊括宇宙万物，互相搭配又变成六十四卦，用来象征各种自然现象和人事现象[2]。

八卦图

武术界有种流传很广的说法，即"拳起于易，理成于医"。这表示中国拳术的来源与发展总是与易学、医学密不可分。每一个拳种的形成和发展，几乎都或多或少地受到中国古典哲学和医学的影响，从而具有很高的哲理性和健身医疗价值。八卦掌是中国传统武术中一个特色鲜明的拳种，虽然八卦掌并不完全等同于八卦，但它确实又与易经八卦理论有特殊的密切相联。八卦掌原名"转掌"，亦称"八卦转掌""游身八卦掌""游身八卦连环掌"等，以四正四隅八个方位为场，以周天六十四卦为掌数，行步走转为主，运用身形和掌法变换行功演练。在理论上，八卦掌创始人董海川和历代八卦名家都用易理来指导八卦掌整体拳术的运动和应用；在运动路线上，强调沿八卦方位图的路线进行走转变化，在走圈时有的还要求八步一

［1］孟涛.八卦掌英汉双语学与练［M］.北京：北京体育大学出版社，2009.

［2］汪琴.浅谈八卦掌与八卦的关系［J］.武术研究.2016，1（7）：51-53.

圈、沿圈踏象、循象变化；在套路编排上，有定势八掌、老八掌、直趟六十四掌等都是意与八卦的数字相合；在技击意识上，八卦掌要求八方旋转、五行生克、走转不停、变化多端，以符合八卦之特性。

第二节　八卦掌的拳理与技法特点

一、八卦掌的拳理

（一）八卦掌拳理之易理

拳谚曰："拳起于易，理成于医。"武术与中国传统文化有着深厚的血缘和形神相依的联系。八卦掌是蕴含着浓厚的"道学"以及"易学""阴阳论"和"传统医学"内涵的著名拳种。从拳理上讲，八卦掌是以易理为拳理的，注重以易的阴阳变化为灵魂，以万物相生相克、循环不息为技击规律，同时又将道家的吐纳养生术与技击术有机结合起来，使其拳法具有内外兼修、体用兼备、刚柔相济、以变应变的特点[1]。

1. 攻守之道

在《周易参同契》中有"易之三义"的思想，指"易"的涵义有"变易、不易、简易"三说[2]。八卦掌的理论基础是《周易》，既是以周易为母，同时又参考"易之三义"思想理论，作为八卦掌的理论基础和指导方针。"一阴一阳之谓道"这个道理运用在实战中即是"攻与防、进与退、快与慢"的有机结合。攻守之道是武术中的基本属性。攻为阳，守为阴。攻是阳刚，守是阴柔，这一特征符合"易之三义"中"简易"。正如八卦掌拳论中所写到的"左旋右转明阴阳，拳理拳法尽内藏，千锤百炼妙自生，万法千招是空忙"的要求一样，在走转和掌法变换的联系中效法阴阳之理，将攻防技术、招式变化与阴阳变化相联系，这充分体现"简易"。攻守之变构成了技击的全部内容。《易经·系辞上》上也说："一阖一辟谓之变，往来不穷谓之通。"八卦掌用简易的阴阳理论和走圈形式来规范自己的拳法运动，就是为了一个变字。八卦掌以变应变，在实践中与"变"紧密相连。八卦

［1］赵铁峰，于超. 八卦掌理论内涵初探——阴阳、八卦及易学思想在八卦掌中的指导作用［J］. 搏击·武术科学，2008（6）：24-25，28.

［2］方磊. 探析周易对太极拳发展的影响［D］. 兰州：西北民族大学，2014.

掌在"简易"的基础上发生变化,"刚柔""进退""斜出正入,脱身换影",即是多变,又是应变,走圈时负阴抱阳,"公转"同时进行"自转",是生变、应变最顺应自然规律的运动形式,充分体现了"变易"。不管是动静、虚实,还是速度等变化,都是以守为前提,以进攻为目的。攻守之间都存在运动时间和运动距离的变化过程,这个规律是永恒不变的。八卦掌把千万拳法精炼到一个圈,两个点以及"乾、坎、艮、震、巽、离、坤、兑"八个方位,最终归结成阴阳[1]。它至简、至精、至妙的运动特征,揭示了武术运动中,变中有不变的奥妙和规律。八卦掌的绕圈走转、技击变化,符合"易理"中阴阳变化之道,又与道家的"一生二、二生三、三生万物"的理论相一致,与简易、变易、不易不谋而合。

2. 虚实之变

八卦掌讲究刚柔相济,以"变"为法,深得"易"之精髓,这种运动讲究阴阳、虚实、刚柔、动静。虚实在八卦掌的应用无处不在,虚为阴、实为阳,"斜出正入"就是"避正就虚"的打法。"足有虚实,掌有虚实,招有虚实,劲有虚实,一处有一处之虚实,处处皆有此虚实。"八卦掌在走转和掌法变换中,注重虚实的变化,根据实战的需要,调整人体的重心,此实彼虚也可能瞬间转化成彼实此虚。比如八卦掌中右青龙探爪,看似右掌为实掌,属阳;左手掌向下为虚掌,属阴。当实战需要时,可以瞬间产生虚实变化,可谓虚实无有定式,唯有心领意随,虚实分,阴阳生。若将八卦掌动作组合起来,其变化无穷。总之,八卦掌不管是演练还是实战技击,都离不开虚实。

3. 动静之分

《黄帝内经·天元纪大论》曰:"动静相召,上下相临,阴阳相错。而变由生也。"动与静概括了八卦掌在时空运动中的总体特征,是八卦掌中一对主要矛盾,二者的关系在八卦掌中主要有两重含义。首先,八卦掌自起势始直至收势都体现了"动",如同江河之水滔滔不绝,又如同行云一般势势相连、不可中断。"动"在八卦掌练习中占主导地位,但又是一种极端和谐的运动,在走转和掌法变化中都要求全身放松、意念相随,体现出相对"静"的变化;且要求做到上下相随、前后相连、左右相照、内外三合,整体表现出一种松、稳、慢、圆、柔的整体和谐的运动特性。其次,八卦掌练习沿圈走转,走圈是动态,圈的中心地带是静态。八种掌式的不断变化,其理正符合《系辞上》说的:"天尊地卑,乾坤定矣……,动静有

---

[1] 于超. 浅论易学视角下的八卦掌 [D]. 兰州:西北师范大学,2009.

常，刚柔断矣。"动与静在八卦掌中的应用，使得八卦掌的变化更加复杂、节奏更加分明，体现了八卦掌中所蕴含的哲理。

（二）八卦掌拳理之医理

1. 八卦掌与阴阳之道

阴阳学说是中国传统哲学的核心内容，阴阳主要代表着相辅相成的两种实体，是自然界事物存在的根基。阴阳学说认为，任何事物都包括阴与阳两个相互对立的方面，对立的双方还具有相互统一的关系。汉代儒学大师董仲舒提出"阴阳中和"的理论，他认为"和者，天之正也，阴阳之平也"。"中和"是天地阴阳运动的根本要求，天地阴阳双方协调，达到中和，便是祥瑞；阴阳失调，中和破坏，则有灾异。这是说明天地阴阳中的"和"之理念。还有一说："人与万物一样赋天地阴阳之理。不仅在骨肉形体上而且在血气精神上也赋天地阴阳之理。"中医学认为脏腑、经络、气血、津液等，必须保持相对的稳定和协调，才能维持"阴平阳秘"的生理常态。人体的阴阳平衡，是生命健康和发展的基本要素，传统武术中的阴阳观念完全符合中医学理论中的核心思想。八卦掌有着以静为机，阴阳为母的行拳规律。在八卦掌功法习练中，强调阴阳相济、虚实刚柔之变化，体现了"阴消阳长、阳消阴长"的不断变化。八卦趟泥步的行步中，从虚实变化中变换重心，转掌换势中，里阳外阴，无不体现"法于阴阳，和于术数"的哲学道理。习练中强调保持"阴阳平衡"是人体健康的关键，又是养生的主旨。

2. 八卦掌与经络之说

经络是经脉和络脉的合称。"经"是经脉，是经络系统的主干，且纵行分布，位置较深；"络"是脉络，犹如网络，是经脉的分支，纵横交错，遍布全身。经络是人体运行的气血通道，它源于脏腑，疏注四肢百骸、脏腑经络[1]。八卦掌是以掌法和走转为主的拳法，行功时"虚领顶劲、气沉丹田"是锻炼任脉、督脉、带脉、冲脉的主要方法。"舌抵上腭""提肛溜臀"在于"搭桥"，在上接通口唇内的龈交和承浆穴，在下连接会阴，以此打通任督二脉[2]。《灵枢·逆顺肥瘦》曰："手之三阴，从藏走手；手之三阳，从手走头；足之三阳，从头走足；足之

---

[1] 赵进喜.《黄帝内经》与中医现代临床［M］.北京：人民军医出版社，2006：101.

[2] 刘敬儒.八卦掌技击与养生［M］.北京：北京体育大学出版社，2009：9.

三阴从足走腹。"可见手足梢节是经络交汇处的重要所在。八卦掌走转中要求周身舒展，拧转自如，行步中步若趟泥，如此上下协调运行，对周身经络形成刺激，达到良好的疏通经络的作用。八卦掌中的阴阳掌，其掌势为两掌前后圆撑，形似阴阳鱼，练习时强调"三顶"，即头顶天，百会穴有上顶之意，有利于气通三关；掌顶前使手三阴、手三阳经脉相通，有利于气贯周身；舌顶腭使咽部生津，促任督两脉相通[1]。带脉有着调和、通畅、约束诸脉的功能，带脉服从圈式流向，起于足厥阴肝经之章门穴，循足少阳经的带脉穴，横向穿连着人体的主要经络。八卦掌的左右走转称为"人体外在的阴阳"，因诱发而起的带脉旋转又称为"人体内在的阴阳（即左旋为阴，右旋为阳）"。任、督两脉所行之处的肚脐（属阳）、命门（属阴）在左右旋转意守中，得其带脉"经气"温养，使肚脐、命门得到充实。伴随逆式呼吸统摄之下发生"内气"或"真气"，借助经络通道循环于各部器官，从而使人体的五脏六腑得其平衡[2]。总体而言，八卦掌独特的绕圈走圆、左旋右转的练功形式，对于调和、打通人体脏腑、经脉的通道不无裨益。

3. 八卦掌与气血之理

从养生的角度而言，"气"是生命的本源，是构成人体生命活动的基本物质。人体的五脏、六腑、形体、官窍、血和津液等，皆是有形而静之物，必须在气的推动下才能活动。"气为血之帅，血为气之母"，气属阳、血属阴，气血阴阳相随，是互为依存、互为滋生的关系。气血不调则会使人生病，所受内伤"七情"，外感"六淫"之影响。八卦掌要求虚领顶劲、气沉丹田、沉肩垂肘、虚实分明。久而久之，打通任脉、督脉、带脉，使得气血畅通无阻，血液的黏滞性降低，避免出现血滞、气淤等现象。气与精、神也是相互依存、稳定的三者关系。精、气、神是人的三宝，精可化气、气可化精、精气生神，而神则通精气。八卦掌注重人体精气神的修炼，在内、外两个方面都注重动静结合、阴阳交换，讲究"炼精化气，炼气化神，炼神还虚"，以调心、调息、调身贯彻始终。另一方面，气的运行也强调意念作用，通过意念引导肢体运动，加强体内气血流动，使人体内部经络畅通、气血调和。八卦掌讲究"意随拳行，力随意发"，强调意、气、力三者的有机结合，"以意导气，以气运身"，在意念作用下，促进人体内新陈代谢的加快，使机体达到阴阳平衡、气血调和、经络畅通的目的。

[1] 顾燕冲. 内家拳拳理核心与道教内丹养生思想 [J]. 体育科学研究，2014，18（6）：34-36.
[2] 李思南，茹凯. 独特的八卦掌养生功法——定式八掌 [C] // 世界医学气功学会. 世界医学气功学会第五届医学气功学会会员代表会议暨第七届学术交流会议论文集. 北京：世界医学气功学会，2012：5.

4. 八卦掌与脏腑学说

脏有五，即心、肝、脾、肺、肾，合称五脏；腑有六，即胆、胃、小肠、大肠、膀胱、三焦，合称六腑。五脏生理功能的共同特点是化生和储藏精气。中医学认为，"喜伤心、怒伤肝、忧伤脾、悲伤肺、恐伤肾"，当人在复杂的社会环境下，必然受到各方面的刺激，当"七情"受到刺激时，就会伤害五脏的生理功能，使气机紊乱，功能失调，导致机体疾病发生。八卦掌的功法运动对应人体脏腑的生理功能，八卦掌在行步走转和转掌过程中，不断调整心境，使心态平和；调养心神，使心神宁静。脚是人的"第二心脏"，中医认为，双脚是运行气血、联络脏腑的重要起止部位。脚上有很多通往全身的重要穴位，有着与内脏器官相联系的敏感区[1]。八卦掌讲究以走为用，走是八卦掌的灵魂，走的过程中足与地面摩擦，两脚、两腿的运动可有效刺激相应经络和穴位，也能够震动按摩整个身体脏腑。八卦掌中的"立桩掌"，一手上举指天，一手下垂插地，形成上下对拉之力，起到对脾胃的按摩作用。八卦掌在身形中讲究扭腰转头，以此扩大腰胯、颈项的扭转幅度，腰的转动、旋拧就是对脾和肾等内脏进行按摩，也能够防治久坐、久视造成的腰椎、颈椎疲劳等问题[2]。

二、八卦掌的技法特点

（一）以掌为法

八卦掌是以掌法为主的拳术，"掌法虽分上中下，上下不过是掌架"。八卦掌要求身手矫捷、神态机敏，走观坐翻转、手眼身法步、心神意念合为一体。做到身随步走、步随掌换、掌随身变，身法柔韧似水中蛟龙。八卦掌的掌架中要求一掌前伸，一掌护后，头颈拧、腰拧、手臂手腕拧，讲究周身旋转，劲力完整。掌法变化多端，敏捷遒劲，穿、点、云、探、推、托、带、领、开、合、劈、撩、撞、削、缠等掌法变换浑然一体。达到虚实相生、虚实互易、克敌制胜的效果。

（二）以走为用

八卦掌是以步取胜、因步而强的具有独特练功形式的武术拳种。八卦掌讲究以走为用，走是练习八卦掌的根本，不停的走转与不断变化的掌法相配合产生变幻

[1] 凌昆，杨维. 论八卦掌健身机理与健身功效 [J]. 搏击·武术科学，2007（8）：36-37.

[2] 刘敬儒. 八卦掌技击与养生 [M]. 北京：北京体育大学出版社，2020：4.

无穷的招式。"步弯脚直向前伸,形如推磨一般真",八卦掌行步时屈膝下蹲,磨膝趟胫,脚面崩平落地,像趟泥一样,又叫"趟泥步"。"走为百练之祖",从技击角度来看,八卦掌步法灵活多变、忽左忽右,以利进攻,随步法的变换进行变掌换势,上下和谐相随,达到出其不意的制敌效果。从健身养生的角度来看,八卦掌的走则是健身、祛病、益寿延年的最有效方法之一。俗话说"人老腿先老",中医认为脚部为人体的第二个心脏,大部分经脉都会经过腿脚,只有脚部的气血足够通畅,身体才会健康。当脚部感到寒冷时,那么身体的各个器官必然会受到影响。如阳跷、阴跷、阳维、阴维的起点就在脚部,而且四脉都是沿双腿上行,八卦掌在走的过程中,就是激活、畅通四脉的过程,使任督二脉更加贯通,从而强化奇经八脉和十二经脉的功能,进而让全身经络达到更好的贯通。

(三)沿圈走转

八卦掌是以"走圈"为特色的功法运动。走圈既可以练出八卦掌的步法,也可以练出身法,这是八卦掌与其他拳种最重要的不同。走圈练习时,可以以自己一个臂长的距离为半径画一个圈,两足围绕圆心沿圈走转;也可围绕大树进行练习。走转时,两膝相抱,两小腿交替行进,同时要求行步时两脚要平起平落,走圈时要求里直外扣,这种反常态运动,身体行进时如水上漂木,只见木行、不见水流。八卦掌的拳理拳法以《易经》阴阳八卦理论为基础,以掌法变换和绕圈走转为运动形式,动作形态强调静则撑圆、动则有圈、六面支撑,无不体现着圆的特点[1]。练习时强调掌型和身型的变化,沿圈走转,动静结合,练养相兼,整体蕴含着深刻的八卦理论和中医脏腑、经络、气血等养生原理,具有系统的养生调理功效。八卦掌以腰为轴,步法、掌法在走转之中不停地变化,绕圈走转中不仅需要大肌肉群参与活动,更需要小肌肉群和各关节的约束协调,特别是腰、胯、膝、踝等关节的活动度、柔韧性都能在绕圆走转中得到很好的锻炼,有效提升运动能力。此外,从技击角度来讲,绕圆走转练习时,可将围绕练习的大树想象成"假想敌",通过长期练习达到增强技击意识的目的。

(四)斜出正入

在练习八卦掌的时候,身体需要进行较大的转动,频繁使用"横劲",俯仰游纵,在游走中发力,看似打斜,实则打正。"斜出"就是避开正面进攻之实,随之

[1]乔玉成,狄珂.论内家三拳中的"圆"文化[J].武汉体育学院学报,2016,50(7):68-71,100.

进身、进步，不与其正面对抗；"正入"就是出其不意，从侧面进行击打。八卦掌在对抗时，一般不从正面交锋，讲究"斜出正入""避实就虚"的打法，尹福先生言道："八卦掌讲究掌法赢人，身法赢人，步眼赢人，功夫赢人。"在多变的掌法、圆活的腰身、敏捷的步眼和虚实的劲力基础下，达到身随步走、步随掌换、掌随身变的境界。

（五）拧裹钻翻

拧裹钻翻是八卦掌的基本劲法和肢体、躯干运动融合的技法，其运动轨迹呈现旋转状，其梢端是旋转着拧劲、钻劲击向目标，其中节的外侧含有外开的"翻"劲，其内侧含有内合的"裹"劲。肢体和躯干的这种转屈是循梢节领拧、中节随拧，或中轴转动带动梢的转动，节节贯之，而形成全身各节贯穿旋转。在走圈时讲究拧腰吸胯、滚钻争裹、奇正相生，转掌如拧绳，通过拧裹钻翻的掌法练习把人体的拙力转化为一种内劲，达到刚柔相济、虚实分明的变化特点。

第三节　八卦掌的健身作用

一、八卦掌对运动系统的影响

就八卦掌的运动而言，在练法上强调"拧裹钻翻、奇正相生、转掌如拧绳"，即八卦掌的劲力都是在拧裹钻翻的力量对抗和奇正相倚的矛盾运动中发挥出来。肘臂在拧转的同时强调裹劲、拧劲和争劲，这样的动作能够使全身各部分肌肉群参与活动，经过反复的缠绕运动，使上肢各关节伸展穿梭，在运动中各肌群、韧带、骨骼得到全面锻炼。八卦掌强调"以走为用"，行步当中基本上都呈现螺旋式的运动，"身随步走、步随掌换、掌随身变，练功时一势贯穿一势，一动无有不动"[1]。下肢姿势要求"屈腿趟泥、足心涵空"，这种锻炼能使下肢腿部、足部力量，以及足踝关节的灵活性与稳定性都得以加强。总体来看，长期进行八卦掌的锻炼，通过肌肉的一张一弛，能够使肌肉匀称丰满、柔韧而富有弹性，并且使肌肉的收缩能力得到有效提高。肌肉的收缩能够有效牵拉骨骼，进一步加强新陈代谢能力，有效改善骨的血液供给，从而使骨的形态机能和性能都发生良好变化。

---

[1] 刘敬儒. 八卦掌 [M]. 北京：北京体育大学出版社，2007.

二、八卦掌对消化系统的影响

消化系统主要包括食管、胃、肠、肝、胆、胰等器官，其主要功能是为机体新陈代谢提供物质和能量的来源。经常参加八卦掌锻炼对于改善消化系统的功能有着积极的作用。这是因为八卦掌在练习时要求"气沉丹田"，动作讲究"拧裹钻翻"，注重脊柱的开合、扭转，八卦掌锻炼使得膈肌和腹壁肌不断运动，对胃、肠、肝、胆、胰等内脏器官起到按摩作用，使肠胃等消化器官的血液循环得到改善，消化管的蠕动加强，消化腺的分泌机能提高，对肠胃等慢性疾病起到辅助治疗和防治作用。此外，近年来身心医学实验研究证明，社会心理是导致消化系统疾病的重要因素之一。中医认为，思虑过度可导致脾胃不调，进而影响健康，八卦掌"调神炼意"的锻炼效果，可以使人们的心理状态趋于平衡，身心得以愉悦，能够避免由于心理失衡带给人们的不良后果。

三、八卦掌对神经系统的影响

神经系统是调节与支配所有系统和器官活动的枢纽，其作用就是将不同器官和系统的活动协调起来，成为一个统一的生命整体，以适应身体内部和外界环境的变化。八卦掌功法练习时，能够加速中枢神经系统迅速动员能力，发挥机体各器官和系统的协调功能，经常参加八卦掌锻炼能使大脑和脊髓中枢神经系统及躯干和内脏周围神经得到良好刺激。中医学认为"心为君之官……主明则下安，以此养生则寿……主不明则十二官危"。从健身角度来讲，八卦掌讲究"调神炼意"，是对中枢神经系统的有意识锻炼。从八卦掌动作来讲，八卦掌要求立身中正、虚领顶劲、拧腰坐胯、以腰为轴，使人体形成一条直线，从而加速颈椎、胸椎、腰椎和骶椎上涌、中平、下随和无形式的相互传递[1]。此外，八卦掌"其根在脚，发于腿，主宰于腰，形于掌"，各种劲力都需要由腰来协调完成，这样有助于促进椎骨间的吻合、分离和伸拉，从而提高中枢神经元之间的传输和协调，进一步增强支配骨骼肌肉运动的神经和支配内脏器官活动的自主神经的生理功能，从而不断使神经活动过程的灵活性和均衡性加强。

四、八卦掌对呼吸系统的影响

呼吸是维持人体生命活动所必须的生理活动，其主要功能是参与机体与外界的

---

[1] 李义芹，周传章. 史式八卦掌 [M]. 南京：东南大学出版社，2007.

气体交换，不断从外界环境中获得氧气以满足机体需求。八卦掌对呼吸有着较高的要求，如八卦掌"三十六歌"歌诀中对呼吸的要求是："抿唇闭口舌顶腭，呼吸全凭鼻口过"，这是内家拳对呼吸的独特要求，能够生津止渴，畅通任督二脉，提升呼吸效果；此外，八卦掌习练中强调"气沉丹田"，主要采用腹式呼吸，保持"腹实胸宽"的状态，这种呼吸方式，一方面，有利于动作的开合升降与呼吸相配合，有效提高人体对氧的利用率，增强机体氧化代谢能力和储存能力。另一方面，"腹实胸宽"的习练要求也可进一步促进"气沉丹田"，使呼吸变得深长而匀细，通过腹压变化刺激更多呼吸肌参与锻炼，可使吸入的氧气更多；有意识的加强呼吸与动作的配合，可使感觉中枢与神经中枢形成相互之间的良好反馈，从而使呼吸调节系统得到锻炼。

五、八卦掌对心血管系统的影响

八卦掌是一种以有氧代谢为主的运动方式，有氧运动对于锻炼心、肺功能，促进心血管系统更有效、更快速地把氧传输到身体的每一个部位效果显著。研究显示，长期有氧运动可抑制心肌细胞凋亡，促进心肌细胞增殖；改善心脏相关血管及微循环功能[1]。八卦掌走圈练习时，要求周身放松、空胸、实腹，这样就使胸腔内压力降低，腔静脉血回流状态得到改善；腹式呼吸使膈肌上下运动，这种运动对内脏又是一种合理的按摩，使内脏的微循环能力得以提高，有效防止血管壁出现粥样硬化物，从而降低动脉硬化、冠心病等心血管疾病的发病风险。同时，八卦掌练习时，动作幅度较大，全身各部位的肌肉、关节都能得到很好的锻炼，随着运动强度的增加，可使血液流动速度加快，循环系统功能加强，静脉回心血量增加，对于锻炼和提高心肺功能具有积极作用。

总之，八卦掌是一种将技击与健身密切结合并融为一体的内家拳术，长期练习对于人体各系统健康状态的改善不无裨益，大多数八卦掌习练者对此都深有体会。但是，目前对于八卦掌在健身机理、功效检验等方面的科学研究还十分匮乏，且现存文献大多是围绕八卦掌的历史、文化以及技法运用等方面进行论述，对其健身价值、功效与作用等方面的实验类研究尚处于起步阶段，亟待引起更多专家学者的关注。对于八卦掌健身作用的深度发掘与科学阐释，有利于人们更好地理解八卦掌这一拳种的独特价值，从而吸引更多人喜爱和习练八卦掌，发挥其全民健身和文化传播与弘扬的重要作用。

[1] 张钰岩，张红明，李娟芬，等. 有氧运动改善心血管功能分子机制研究进展 [J]. 世界最新医学信息文摘，2019，19（78）：67.

第三章 八卦掌拳谚歌诀

武术作为中国传统文化的载体，同众多文化形态一样，具有较强的包容性，其传承内容和形式也十分丰富，拳谚歌诀的代代相传对于武术传承与发扬而言，是不可或缺、十分有效的方法手段。

拳谚即武术拳谚，广传于民间，积久成俗，为古今拳家所沿用。其比喻形象，立意明确，以通俗的语言反映拳理，可帮助习武者掌握要领，分辨正误，防止偏废[1]。拳谚是用形象化的比喻和富于哲理的简明语言来说明习练武术的要诀。拳谚产生于习武者的长期实践，多在民间拳师口头上代代流传，至明清时期已相当丰富，其语言形象、简练易懂，比喻的范围很广[2]。武术谚语即民间流传的武术固定语句，是用简单而通俗的语言反映武术的深刻道理，其实质是传统武术理论[3]。"歌诀"一词在《汉典》中的释义为"可以咏歌而有韵律的口诀、歌谣"；歌诀是为了便于记诵，按事物的内容要点所编的韵文或无韵的整齐句子[4]。综上所述，八卦掌拳谚、歌诀是将八卦掌相关的拳理要点运用形象、简练的语句编纂而成的短句或口诀。不管是拳谚还是歌诀，其语言都较为简练、形象生动，都是武术前辈们习武实践的经验总结与概括，是理论与实践相结合的集体智慧结晶，是指导八卦掌习练者做人、行事、练功、格斗、传艺、养生的法则。

八卦掌拳术中具有影响力的拳谚歌诀主要是"三十六歌"和"四十八法"，为尹福弟子金毓慧（即曾增启）所著，而非董公所著，但写的的确是董海川先生的练功心法，对我们练习研究八卦掌法确有很大帮助，对八卦掌的发扬光大起到了一定作用[5]。本章汇总流传较广的八卦掌部分拳谚歌诀，并结合相关文献与习练心得对其进行简要说明。

[1] 中国武术大辞典编辑委员会. 中国武术大辞典［M］. 北京：人民体育出版社，1990.
[2] 吴兆祥. 中华武术手册［M］. 广州：科学普及出版社广州分社，1989.
[3] 郭玉成. 武术谚语辞典［M］. 北京：人民体育出版社，2020.
[4] 汉典，歌诀［EB/OL］. ［2021-09-20］. https://www.zdic.net/hans/歌诀.
[5] 刘敬儒. 八卦掌［M］. 北京：北京体育大学出版社，2007.

第一节　八卦掌总诀

八卦掌总诀是对八卦掌拳术练法、用法的总结与概括，主要描述了八卦掌身法、步法、手法的练习特点与运用要求，是八卦掌先辈们集体经验的结晶，有助于八卦掌习练者从整体上了解该拳术的风格特点。

一、八卦掌总诀

八卦掌，走为先，收即放，去即还，变转虚实步中参。

走如风，站如钉，摆扣穿翻步法清。

腰如轴，气如旗，眼观六路手足先。

形如龙，坐如虎，动如江河静如山。

阴阳手，上下翻，沉肩坠肘气归丹。

要六合，勿散乱，气遍周身得自然。

摆扣步，要仔细，转换进退在腰间。

手打三，脚打七，手脚齐到莫迟疑。

胯打走，肩打撞，周身挤靠暗打膝。

高不挡，低不拦，迎风接近最为先。

数语妙诀拳中要，不用纯功也枉然。

二、八卦掌总诀释义

（一）八卦掌，走为先，收即放，去即还，变转虚实步中参。

释义： 八卦掌主要是以走转为主的拳法，功夫都是从走圈中来。手法的收放、步法的虚实变换都是从八卦掌特有的走圈中体会，处处体现"走为先"，身欲动足先行，这是八卦掌特有的运动特点。收即是放，去即是还，收中寓放，去中寓还，是八卦掌善于运动战、游击战的形象体现。

（二）走如风，站如钉，摆扣穿翻步法清。

释义： 步法是八卦掌的灵魂所在，行走起来要像风一样变幻莫测，站定的时候则像入地的钉子一样稳健，摆步、扣步、穿梭、翻身等步法都要练熟练才能发挥八卦掌的技击作用。

（三）腰如轴，气如旗，眼观六路手足先。

释义：八卦掌注重以腰为轴，腰为主宰支配四肢；重视呼吸吐纳在锻炼过程中的引导作用，以心行意，以意导气，以气运身。随着步法的变换，注意观察四周的情况，手足与眼神配合作为与人交手的先锋，对敌人进行试探、击打或防守等。

（四）形如龙，坐如虎，动如江河静如山。

释义：此诀主要讲八卦掌练习与运用时的身形和气势。形如龙，指身体的螺旋扭转；坐如虎，指身体含胸拔背、松腰坐胯、屈膝扣趾等要求形成的如虎坐般形态。动转时如江河般奔涌而灵巧，静态时如山岳般厚重而稳健。

（五）阴阳手，上下翻，沉肩坠肘气归丹。

释义：此诀讲八卦掌拳术的阴阳道理，前后、左右、上下都要顾及到，两掌的阴阳变化、上下穿翻都要注意沉肩坠肘，气沉丹田。

（六）要六合，勿散乱，气遍周身得自然。

释义：六合，即为外三合与内三合，肩与胯合、肘与膝合、手与足合为"外三合"，心与意合、意与气合、气与力合为"内三合"。八卦掌习练与运用时，要保持内外三合，不可散乱，保持正确的姿势与身法，内气运行起来就会顺畅、自然。

（七）摆扣步，要仔细，转换进退在腰间。

释义：摆扣步是八卦掌在走转中重点练习的步法，练习与运用时的进、退、侧行、转身等方位的转换都是以腰部为主宰带动四肢。

（八）手打三，脚打七，手脚齐到莫迟疑。

释义：八卦掌是重视步法与身法运用的拳术，实践运用时，注意手脚齐进，运用身体整体的劲力防守或进攻。

（九）胯打走，肩打撞，周身挤靠暗打膝。

释义：身体各个部位都可运用于实践当中，"头、肩、肘、手、胯、膝、足"各有各的用法，要练的纯熟，以便在与人交手时可以随心所欲地使用身体各个关节部位的功能。

（十）高不挡，低不拦，迎风接近最为先。

释义：在与人交手时，不管对方是高处来手，还是低处来手，都要根据对方的攻势，采用灵活多变的步法接近敌人为战术最佳之选。

（十一）数语妙诀拳中要，不用纯功也枉然。

释义：八卦掌锻炼、运用的歌诀阐述出了练拳与实践的要领，但是最重要的是坚持不懈地下苦功去"练"，才能将八卦掌拳术的精髓继承和发扬。

第二节　锻炼要领歌诀

八卦掌锻炼要领歌诀主要描述在八卦掌锻炼过程中身形、意念等规范和要求，只有严格按照这些方面的要求进行练习，循序渐进，才能逐渐展现八卦掌的风格特点，才能逐渐体悟到八卦掌拳术的真谛。

一、八卦掌锻炼要领歌诀

> 顺项提顶，溜臀收肛，松肩沉肘，实腹畅胸。
> 滚钻争裹，奇正相生，龙形猴相，虎坐鹰翻。
> 拧旋走转，蹬脚磨胫，曲腿趟泥，足心含空。
> 起平落扣，连环纵横，腰如轴立，手似轮行。
> 指分掌凹，摆肱平肩，桩如山岳，步似水中。
> 火上水下，水重火轻，意如令旗，又似点灯。
> 腹乃气根，气似云行，意动生慧，气行百孔。
> 展放收紧，动静圆撑，神气意力，合一集中。
> 八卦真理，俱在此中。

二、八卦掌锻炼要领歌诀释义

（一）顺项提顶，溜臀收肛，松肩沉肘，实腹畅胸。

释义：此诀描述八卦掌锻炼时具体的身形要求。头正项顺，头有提顶之意，引领周身上下高度协调；谷道上提，可上带身腰，下带胯膝，力根在八髎；双肩放松、肘部下沉与顺项提顶相结合，具有抻筋拔骨的效用，有利于劲力贯穿到手；胸空气入丹田，实腹则气盈足，是使气力能顺畅地在周身运行的要求。

（二）滚钻争裹，奇正相生，龙形猴相，虎坐鹰翻。

释义：此诀讲锻炼和运用八卦掌所须保持的身形，蕴含劲力的产生、变化以及运用。"滚钻"指螺旋前进的动作，"争裹"是指向外撑开和向里合抱两种动作；开与合、刚与柔等奇正矛盾的产生都是由滚钻争裹相互对抗产生的；"龙形猴相、虎坐鹰翻"为八卦掌运动中的象形取意，行如游龙般迅捷，回转如猿猴般灵巧，坐胯如虎踞般稳重，翻转变换如鹰鹞般灵敏疾迅。

（三）拧旋走转，蹬脚磨胫，曲腿趟泥，足心含空。

释义：此歌诀描述八卦掌转掌过程中的动作要求。保持掌势，头、肩、肘、手、胯、膝、足均呈松沉状态绕圆走转，里脚直迈、外脚稍内扣，身体转向圆心，身体处处体现螺旋，走转时后脚蹬地，而后贴着前脚胫骨摩胫而过，屈膝行进，如行进在泥泞之中。注意拧旋走转时双脚足心始终保持涵空状态，使得落地稳定。

（四）起平落扣，连环纵横，腰如轴立，手似轮行。

释义：走转时双脚必须平起平落，里脚直进，外脚落步时微内扣，两腿如同剪刀状行进，切忌提后脚跟和翘前脚掌；八卦掌强调身灵步活，由拧旋走转之中走出连绵不断、随势而变的连环纵横感；腰为掌法、身法、步法发动的核心，以腰为轴，上身像一平置的车轮；抽身换掌时双臂如车轮般旋飞无间。

（五）指分掌凹，摆肱平肩，桩如山岳，步似水中。

释义：掌心涵空，与足心涵空对应，竖掌坐腕，五指自然分开，虎口圆撑，拧旋走转时身体和肩、肘、腕极力向圆心拧转，肩平而顺，背平而正，两肩时刻保持端正松平的状态；八卦掌走转也称"行桩"，按照桩功的要求，一步一桩，如山岳般稳健，迈步如在水中行走一般，摆步、扣步、进步、退步、转身等在厚重中练出轻灵。

（六）火上水下，水重火轻，意如令旗，又似点灯。

释义："火上水下，水重火轻"指上虚下实不倒翁的状态，神始终如轻烟向上，形要如流水向下。八卦掌动则以意引导，在意的统帅下拧旋走转、连环纵横、闪展腾挪，达到意到气到，步到劲到，意动身随。"又似点灯"与意如令旗意义相似，意念如黑夜指路的明灯，决定运动的方向，心有所想，神有所现。

（七）腹乃气根，气似云行，意动生慧，气行百孔。

释义：要求八卦掌锻炼过程中要时时气沉丹田，不努气，不用拙力，一切动作以丹田为根基，内气运行如云卷，轻松自然，使得身法运转自如，发力稳健；运动中要先想后做，以意引导，锻炼出一种在任何情况下都保持冷静、善于思考的能力，意气的运行要鼓荡贯达至周身，久练可令周身气血畅通，无淤无滞。

（八）展放收紧，动静圆撑，神气意力，合一集中。

释义：八卦掌锻炼过程中时刻注意奇正相生的辩证法，展中寓收，松中寓紧，动中寓静，静中寓动，练功和技击时手臂要圆撑，与身体产生对抗力，如球体一般产生六面撑力，且劲力中和；同时锻炼时要处处做到神、意、气、力合一集中，不散不乱成一整体。

（九）八卦真理，俱在此中。

释义：八卦掌锻炼要领，精髓都在"锻炼要领歌诀"中，依法练习，不断体悟，便可掌握八卦掌拳术的真谛。

第三节　转掌要领歌诀

八卦掌转掌要领歌诀主要是对八卦掌走转过程中的要求进行总结，描述手、眼、身法、步法、劲力等要求和特点，可以作为转掌的准则指导八卦掌习练者，进而不断提升技艺。

一、八卦掌转掌要领歌诀

八卦转掌妙无边，行如推磨走当先。步法要稳圈要圆，上下与中分三盘。
三盘旋转气为宗，全身环节要放松。心情意静内子精，内外轴承法自灵。
先由有象求无象，大小小大是真空。转掌就是八卦阵，阴阳变化在其中。
软硬兼施明暗劲，刚柔相济是真功。手脚相随腰主动，全身一致整体形。
怀抱琵琶合前胸，前手外摆似拧绳。后手相随眼平视，上下两手合力撑。
紧背空胸头艮正，溜臀腰直胯要松。缩肾提肛丹田气，掩裆曲膝鸡步行。
起平落扣足含空，曲膝趟泥在水中。进退抽撤连环步，摆扣走转似旋风。

二、转掌要领歌诀释义

（一）八卦转掌妙无边，行如推磨走当先。

释义： 八卦掌的奥妙无穷尽，转掌练习时是通过走转的形式进行锻炼，如推磨般，步法、身法、手法等都在走转中不断翻转变换。

（二）步法要稳圈要圆，上下与中分三盘。

释义： 转掌练习的初期可以慢练，摆、扣步等步法尽量准确和稳定，圈可以适当大一些，熟练后再缩小走转的圆圈。转掌可以分为上盘、中盘和下盘三盘练法，下盘要求大腿基本与地面平行，最练功力，负荷也最大，上盘最为轻松，适合体弱或老年人习练。

（三）三盘旋转气为宗，全身环节要放松。

释义： 上、中、下三盘练法都需要呼吸自然，气沉丹田，以丹田为根基，全身关节在符合八卦掌习练身体形态的状况下尽量放松。

（四）心情意静内子精，内外轴承法自灵。

释义： 意念、心情都要放松清净，随着身体的拧旋走转，习练日久则身法、步法、手法等都会灵敏迅捷。

（五）先由有象求无象，大小小大是真空。

释义： 转掌是先根据八卦掌习练要求，运用规范的身形特点进行锻炼，随着习练日久最终将不再拘泥于外形，在意念的指使下便可随心所欲地翻转变换。

（六）转掌就是八卦阵，阴阳变化在其中。

释义： 转掌本身就是按照八卦方位进行练习，蕴含八卦阵的功能，前后、左右、上下等阴阳之理都在转掌锻炼过程中体现出来。

（七）软硬兼施明暗劲，刚柔相济是真功。

释义： 转掌练习要注重软硬兼备，明劲、暗劲的功夫要清楚，能够达到刚柔相济，刚中寓柔，柔中寓刚才是功夫达到了一定水平。

（八）手脚相随腰主动，全身一致整体形。

释义： 锻炼过程中都要以腰为主宰，带动上肢和下肢进行运动，全身达到和谐统一，才能形成统一的整体，发出强大的内劲。

（九）怀抱琵琶合前胸，前手外摆似拧绳。

释义： 此诀描述转掌中两手如同怀抱琵琶一样，一前一后置于胸前，前手如同拧绳般蕴含螺旋形态和劲力。

（十）后手相随眼平视，上下两手合力撑。

释义： 后手跟随前手并置于前手肘下，眼睛平视前手虎口位置，两手上下、前后、左右各个方面都要有撑的意念。

（十一）紧背空胸头艮正，溜臀腰直胯要松。

释义： 此诀描述转掌过程中躯干和头部的形态。含胸拔背，头项正直，提肛溜臀，腰不可前倾和后仰，胯部松沉。

（十二）缩肾提肛丹田气，掩裆曲膝鸡步行。

释义： 转掌时腹部放松，提肛溜臀，气沉丹田，行进过程中，两膝弯曲，两脚摩胫而行，如同雄鸡漫步般向前行进。

（十三）起平落扣足含空，曲膝趟泥在水中。

释义： 转掌时足部平起平落，里脚直迈，外脚稍内扣，足心涵空，两膝弯曲交替前进，如同在泥泞的道路中趟泥而行。

（十四）进退抽撤连环步，摆扣走转似旋风。

释义： 此诀主要描述转掌的步法。进步、退步、抽身撤步时步法变换要衔接紧密，行步走转中摆步、扣步协调配合，通过坚持不懈的练习，逐渐达到步法灵活，身法敏捷。

第四节　八卦掌三十六歌诀

　　"三十六歌"是董海川先师口传下来的，由清代尹福弟子金毓慧（即曾增启）所著。三十六歌诀主要是对八卦掌手法、眼法、身法、步法和使用方法的概括，阐述了八卦掌锻炼过程中的技术要求与动作规格，是习练八卦掌的重要参考歌诀。

一、八卦掌三十六歌诀

（一）空胸拔顶下塌腰，扭步掰膝抓地牢。沉肩坠肘伸前掌，二目须从虎口瞧。

（二）后肘先叠肘掩心，手在翻塌向前跟。跟到前肘合抱力，前后两手一团神。

（三）步弯脚直向前伸，形如推磨一般真。屈膝随胯腰扭足，眼到三面不摇身。

（四）一势单边不足奇，左右循环乃为宜。左换右兮右换左，抽身倒步自合机。

（五）步既转分手亦随，后掌穿出前掌回。来来去去无二致，要如弩箭离弦飞。

（六）穿时指掌贴肘行，后肩改作前肩承。莫要距离莫犹疑，步入裆分是准绳。

（七）胸欲空兮气欲沉，背紧肩垂意前伸。气到丹田缩谷道，直拔颠顶贯精神。

（八）走时周身莫动摇，全凭膝下两相交。底盘虽讲平膝胯，中盘也要下腿腰。

（九）抿唇闭口舌顶腭，呼吸全凭鼻口过。力用极处哼哈泄，浑元一气此为得。

（十）掌形虎口要挣圆，中指无名缝开展。先戳后打施腕骨，松膀长腰跟步蹿。

（十一）上步合膝倒步掰，换掌换式矮身骸。进退退进随机势，只要腰腿巧安排。

（十二）此掌与人大不同，进步抬前乃有功。退步还先退后足，跨步尽外要离中。

（十三）此掌与人大不同，手未动兮膀先攻。未从前伸先后缩，吸足再吐力独丰。

（十四）此掌与人大不同，前手后手力相通。欲使梢兮先动根，招招如是不得松。

（十五）此掌与人大不同，未击西兮先声东。指上打下孰得知，卷帘倒流更神通。

（十六）天然精术怕三穿，不走外门是枉然。他走外兮我走内，伸手而得不费难。

（十七）掌使一面不为功，至少仍须两面攻。一横一直三角手，使人如在我怀中。

（十八）高欲低兮矮欲扬，斜身绕步不须忙。斜翻倒翻腰着力，翻到极处力要刚。

（十九）人道掌法胜在刚，郭老曾言柔内藏。个中也有人知味，刚柔相济是所长。

（二十）刚在先兮柔后藏，柔在先兮刚后张。他人之柔腰与手，我则吸腰步稳扬。

（二十一）用到极处须转身，脱身化影不留痕。如何变换端在步，出入进退腰先伸。

（二十二）转掌之神颈骨传，转颈扭项手当先。变时缩颈发时伸，要如神龙首尾连。

（二十三）打人凭手膀为根，膀在肩端不会伸。欲要进时进前步，若进后步枉劳神。

（二十四）力足发自筋与骨，骨中出硬筋须随。足跟大筋通脑脊，发招跟步力能催。

（二十五）眼到手到腰腿到，心真神真力又真。三真四到合一处，防己有余能制人。

（二十六）力要刚分更要柔，刚柔偏重功难收。过刚必折真物理，优柔太盛等于休。

（二十七）刚柔相济是何言，刚柔相辅总无难。刚柔当用乾坤手，掀天揭地海波澜。

（二十八）人刚我柔是正方，我刚人柔法亦良。刚柔相遇腰求胜，解此纠纷步法强。

（二十九）步法动时腰先提，收缩合宜显神奇。足欲动分腰不动，跐跟迈去误时机。

（三十）转身变法步莫长，擦地而行莫要慌。看准来路方伸手，巧女穿针稳柔刚。

（三十一）人持利器我不忙，飞剑遥遥到身旁。看他来路哼哈避，邪不胜正语颇良。

（三十二）短兵相接似难防，哪怕锋利似鱼肠。伸手来接囊中物，指山打磨妙中藏。

（三十三）人众我寡力难挡，巧破千钧莫要忙。一手不劳凭指力，犁牛犹怕反弓张。

（三十四）伸手不见掌前伸，又无油松照彼身。收缩眼皮努睛看，底盘掌使显神奇。

（三十五）冰天雪地雨泞滑，前脚横使切莫差。翻身切忌螺丝转，高低紧避乃为佳。

（三十六）用时最要是精神，精神焕发耳目真。任凭他人飞燕手，蚁鸣我听虎龙吟。

二、八卦掌三十六歌诀释义

（一）空胸拔顶下塌腰，扭步掰膝抓地牢。沉肩坠肘伸前掌，二目须从虎口瞧。

释义：此歌诀是对八卦掌习练基本姿势的描述，也是习练八卦掌的纲要。其中包含了对上肢、躯干以及下肢的描述，头部顶头竖项，眼注视手部虎口处，精神集中；上肢沉肩垂肘、掌前伸；躯干空胸紧背、塌腰松胯；下肢屈膝下蹲，两膝微夹，十趾抓地。

（二）后肘先叠肘掩心，手在翻塌向前跟。跟到前肘合抱力，前后两手一团神。

释义：此歌诀主要是对八卦掌习练过程中上肢的要求。双手一前一后，手心向上，后手屈肘，起到保护胸肋的作用；两掌再同时向圆心翻塌，在沉肩垂肘、空胸紧背的状态下，手指上顶，手腕下塌，两手如同抱着一件东西而产生合力，主要是蕴含的劲力的协调统一。前后两手根据攻防转换可变换位置，做到变幻莫测，即"两手一团神"。

（三）步弯脚直向前伸，形如推磨一般真。屈膝随胯腰扭足，眼到三面不摇身。

释义：此歌诀是对八卦掌习练过程中下肢的要求。走圈时里脚直迈，外脚向里微扣，如同推磨一样，走成圆圈。屈髋、屈膝、转腰，合膝坐胯，从而达到下盘稳固、上身轻灵，眼睛能够环顾三面，身体仍然可以保持不动摇。

（四）一势单边不足奇，左右循环乃为宜。左换右兮右换左，抽身倒步自合机。

释义： 此歌诀主要强调八卦掌习练时要左右两边的势子都要练，不能只注重一侧的练习，要左右循环、交替练习，只有做到左右两边都精准熟练，才能在实践应用中随心所欲地抽身倒步，得机得势。

（五）步既转兮手亦随，后掌穿出前掌回。来来去去无二致，要如弩箭离弦飞。

释义： 此歌诀强调习练八卦掌时必须手足协调配合、上下相随，前、后掌的变换与步法转换密切配合。前后的劲力要统一，收即是放，放即是收，同时要如挽弓射箭，收则俱收，放则俱放，劲力变化的速度，要疾如离弦之箭。

（六）穿时指掌贴肘行，后肩改作前肩承。莫要距离莫犹疑，步入裆兮是准绳。

释义： 此歌诀讲穿掌的练法与用法，指尖与手掌必须紧贴前臂肘部向前穿，两手的穿掌以肩发力，两肩交替如环，肩催肘，肘催手，形于手指。后掌前穿时后肩改成前肩，前手后撤至肘下，前肩变成后肩。穿掌运用时要掌握好与对方的距离，脚步向对方裆下迈进，以便发挥穿掌最大的威力。

（七）胸欲空兮气欲沉，背紧肩垂意前伸。气到丹田缩谷道，直拔颠顶贯精神。

释义： 此歌诀主要是八卦掌习练过程中的内功练法与要求。其主要方法是空胸、紧背、垂肩、伸臂、缩谷道。这样做可使气沉入丹田，气通任脉、会阴达到督脉，上升到百会，再降到人中、兑端、承浆、任脉，再回到丹田。这样周而复始贯穿全身，锻炼日久，便能产生一种内劲，使人精力旺盛，体格健壮。

（八）走时周身莫动摇，全凭膝下两相交。底盘虽讲平膝胯，中盘也要下腿腰。

释义： 此歌诀主要讲三盘练法中对下肢的要求。八卦掌习练中注重腿、足的下盘功夫，上静下动，两腿屈膝相抱，两小腿相互交替前行。拳架低盘要求膝与胯平，要求较高，最吃力，功力长得最快，中盘要求腰胯也要尽量下坐，膝关节尽量屈曲，才能达到练功的目的。

（九）抿唇闭口舌顶腭，呼吸全凭鼻口过。力用极处哼哈泄，浑元一气此为得。

释义： 此歌诀主要讲八卦掌习练过程中的呼吸与发劲的方法。要求舌抵上腭，轻扣齿，用鼻来呼吸。发力时可以根据动作需要借助"哼""哈"来助长自己的劲力。这种方法称为"混元一气"，在武术中叫"内劲"。

（十）掌形虎口要挣圆，中指无名缝开展。先戳后打施腕骨，松膀长腰跟步蹿。

释义：此歌诀主要讲掌形要求和掌法的使用。习练八卦掌时，掌形要求虎口圆撑，中指和无名指要自然分开，有利于气息贯通，力贯指尖。与人交手时先用掌尖向对方直戳，这样距离可以更远，然后再用掌根向下打击。同时，后脚紧跟前脚上步靠近对手，松肩坐胯，以上钻之势打击对手。

（十一）上步合膝倒步掰，换掌换式矮身骸。进退退进随机势，只要腰腿巧安排。

释义：此歌诀主要讲八卦掌步法与身法的要求。八卦掌运用过程中，上步必须合膝扣步，两膝相抱，如果要转身，要扣前脚、摆后脚，换掌换式时还将身体下蹲，这样可以转动灵活、稳定。无论进退、退进、高低姿势的变化都需要随机应变，腰腿的转换根据实战需要进行运用。

（十二）此掌与人大不同，进步抬前乃有功。退步还先退后足，跨步尽外要离中。

释义：此歌诀主要讲八卦掌步法进退的要求。与人交手时，向前进步要先进前脚，将前脚略抬起离开地面，然后后脚蹬地跟进，若要向后退时，后脚先离地后撤，前脚随即蹬地撤步。正面对敌时不与敌人正面冲突，可利用侧身斜跨步的方法，避开敌人的攻击，绕到敌方的侧面。

（十三）此掌与人大不同，手未动兮膀先攻。未从前伸先后缩，吸足再吐力独丰。

释义：此歌诀主要讲八卦掌蓄力、发力的方法，在出手时，肩部先要着意，先蓄力，再发力，以肩催肘，肘催手。使用肩部后缩蓄劲的方法，发放的时候才更有力量。

（十四）此掌与人大不同，前手后手力相通。欲使梢兮先动根，招招如是不得松。

释义：此歌诀主要讲八卦掌发力的方法。矛盾对立互争发力，发力首先利用根节，其力在根，根于脚，发于腿，主于腰，形于手指，以根节催动中节，进而催动梢节，只有这样才能招招发出整体的劲力。

（十五）此掌与人大不同，未击西兮先声东。指上打下孰得知，卷帘倒流更神通。

释义：此歌诀主要描述八卦掌技击战术的特点。声东击西，指上打下，迫使对方不知所措。运用从下而上或者从上而下的钻翻劲路，将抖劲灌注其中，威力更大。

（十六）天然精术怕三穿，不走外门是枉然。他走外兮我走内，伸手而得不费难。

释义： 此歌诀主要讲三穿掌迎敌时的方法。三穿掌是尹氏八卦掌重要的掌法之一，武术界有"好汉怕三穿"之说。接手时注意向左或向右的步法与掌法相结合，始终在侧面进攻。当对方走外门时，我方须手随步换，利用好内门的距离优势。

（十七）掌使一面不为功，至少仍须两面攻。一横一直三角手，使人如在我怀中。

释义： 此歌诀主要讲手法运用的原理。掌的运用不仅要会用掌心，也要会用掌背、掌外沿等处进行攻防转换。单手可以直、横运用兼备，具有三角形的特性，双手来讲，一手直，一手横，同样可以成为三角形，交手运用过程中，直破横、横破直，双方的攻防也构成三角形，只有掌握、保持并合理运用自身与对方三角形的结构特点，才能变化无穷，好似对方在自己怀中一样。

（十八）高欲低兮矮欲扬，斜身绕步不须忙。斜翻倒翻腰着力，翻到极处力要刚。

释义： 此歌诀主要描述八卦掌运用时身法与手法的特点。敌人比我高，我应以低势攻其下路，敌人比我矮时，则应用高势攻其上路，无论何种动势都要斜身绕步、以斜取正，身体的翻转都要以腰为主宰，转到极处的时候，劲力将由柔变刚才可发出更大的威力。

（十九）人道掌法胜在刚，郭老曾言柔内藏。个中也有人知味，刚柔相济是所长。

释义： 此歌诀描述八卦掌中对刚柔的看法。大部分人认为拳法以刚劲为胜利的根本，"郭老"曾说柔要藏于刚，也有个别人在亲身经历中感知到刚柔相济才是八卦掌所擅长的。

（二十）刚在先兮柔后藏，柔在先兮刚后张。他人之柔腰与手，我则吸腰步稳扬。

释义： 此歌诀主要描述八卦掌刚柔相济的运用方法。与人交手时，使用刚劲要暗含柔劲，要刚中寓柔；当先使用柔劲时，也要时刻准备运用刚劲，即柔中寓刚。其他拳种的柔劲大多通过腰和手来使用，八卦掌运用柔劲时通过缩腰的吸化和步法的变化来进行。

（二十一）用到极处须转身，脱身化影不留痕。如何变换端在步，出入进退腰先伸。

释义： 此歌诀主要讲八卦掌运用时身法的特点。八卦掌靠步法赢人，不管是转身，还是抽身、侧身等换势变化，都需要有精熟的步法，但步法的变化最终都是靠腰的带动来实现的，注重以腰带步、身随步翻、掌随身变、步随掌转，上下相随。

（二十二）转掌之神颈骨传，转颈扭项手当先。变时缩颈发时伸，要如神龙首尾连。

释义： 此歌诀描述头颈部在八卦掌发劲运用过程中的方法与作用。顶头竖项，精神自然贯通，头部的运用关系到整个身体姿态的稳定，转掌时必须眼随手动，手随眼行。变招换式时，颈部的后缩，带动身体的松沉，发劲时头顶颈竖，可以助长发力，这样的颈部变化带动身体的变化，如神龙首尾相连，互相呼应一般。

（二十三）打人凭手膀为根，膀在肩端不会伸。欲要进时进前步，若进后步枉劳神。

释义： 此歌诀讲八卦掌运用时手与脚配合的关系。八卦掌手部的技击都是通过肩部发力，也就是根节发力，肩部由于身体结构的限制不会伸很远，所以需要步法的配合，进步时须先进前脚，再跟后脚，才能更迅捷和稳定，如果先上后脚，则较为迟缓而延误战机。

（二十四）力足发自筋与骨，骨中出硬筋须随。足跟大筋通脑脊，发招跟步力能催。

释义： 此歌诀讲八卦掌劲力的来源。认为劲力来源于身体的筋和骨，刚劲是从骨中锻炼出来的，也要锻炼筋来提升柔劲，达到刚柔相济。发放劲力时从脚跟开始，通过腿部、腰部、脊椎而达于手指。

（二十五）眼到手到腰腿到，心真神真力又真。三真四到合一处，防己有余能制人。

释义： 此歌诀描述八卦掌运用时的内外相合。眼到、手到、腰腿到要统一，称为"四到"，心、意、气力为"三真"。三真与四到也要合到一处，才能上下相随、内外如一，达到这个程度，不但可以有效地保护自己，还能战胜敌人。

（二十六）力要刚兮更要柔，刚柔偏重功难收。过刚必折真物理，优柔太盛等于休。

释义： 此歌诀主要讲对刚柔劲力的认识。认为八卦掌运用过程中，要刚柔适中，刚柔相济，不能有偏重。太过于刚则容易断，太过柔则绵软无力，这都是物理特性，也是重要的拳理。

（二十七）刚柔相济是何言，刚柔相辅总无难。刚柔当用乾坤手，掀天揭地海波澜。

释义：此歌诀讲刚柔相济在八卦掌手法上的应用。认为以刚济柔不至于弱，以柔济刚不失于强，即刚柔相济互助使矛盾得到统一。运用中的表现为虚实、上下、左右等，阴阳交替使用，如同海浪一样，连绵不断。

（二十八）人刚我柔是正方，我刚人柔法亦良。刚柔相遇腰求胜，解此纠纷步法强。

释义：此歌诀讲八卦掌运用刚柔取胜的方法。实战交手中，对方用刚劲，我方用柔劲来化解对方锋芒，这是正确的方法，若我方用刚劲，对方用柔劲化解，方法也是正确的。如果双方都是刚柔相济的高手，就看谁的身法更有效，用身法还需要依靠步法来配合，最终还是身法和步法来决定胜负。

（二十九）步法动时腰先提，收缩合宜显神奇。足欲动兮腰不动，跐踉迈去误时机。

释义：此歌诀讲八卦掌拳术习练与运用时腰与足的关系。主张以腰带腿足，运用步法时，胯部略微收缩，左右腰胯虚实转换，而后略微转动来带动下肢的运动，如果迈步时腰部不动必然不灵活，延误战机。

（三十）转身变法步莫长，擦地而行莫要慌。看准来路方伸手，巧女穿针稳柔刚。
释义：此歌诀讲八卦掌转身变招以及接手的要求。转身变招时，步法不要大，不可离地太高，以便转动灵活、快捷、稳定。与对方交手时看准对方来势的虚实，再出手应对，这好比巧女穿针一样，合理地运用刚柔，要求准确、稳定。

（三十一）人持利器我不忙，飞剑遥遥到身旁。看他来路哼哈避，邪不胜正语颇良。

释义：此歌诀是讲面对敌人手持利器的应对方法。与持利器的敌人交锋，首先不慌忙，镇静以待，看清来势，边躲避边以哼哈之气厉声震慑，使对方闻声而惊，我方便乘隙取之。

（三十二）短兵相接似难防，哪怕锋利似鱼肠。伸手来接囊中物，指山打磨妙中藏。

释义：此歌诀讲持兵器对峙的应对方法。即使是短兵相接遇到如鱼肠剑一样锋利的武器，也要有如探囊取物一样的态度，同时还须采取指山打磨法、声东击西的战术迷乱对方，趁势进攻取得胜利。

（三十三）人众我寡力难挡，巧破千钧莫要忙。一手不劳凭指力，犁牛犹怕反弓张。

释义：此歌诀主要讲八卦掌习练者以少胜多的方法。当人众我寡、敌强我弱、其势难挡的时候，不要慌忙，要善于运用以巧破千斤的办法，指东打西，避实击虚，就好像犁牛虽然身大力强，若搬它的头角，也能把它扳倒，重要的是善用巧劲。

（三十四）伸手不见掌前伸，又无油松照彼身。收缩眼皮努睛看，底盘掌使显神奇。

释义：此歌诀讲黑夜对敌的方法。黑夜遇敌伸手不见五指，又没有照明的时候，就要蹲身下势，收缩眼皮，二目努睛上看，既容易看清对方，也便于施展招术。

（三十五）冰天雪地雨泞滑，前脚横使切莫差。翻身切忌螺丝转，高低紧避乃为佳。

释义：此歌诀讲在冰雪、泥泞处对敌的方法。遇到冰雪或泥泞地对敌时，地面湿滑，需要将前脚横迈，扣成"丁"字步，在转身或翻身时切忌用脚跟或脚掌做螺丝似的拧转，以防跌倒，同时注意地形的高低，避开地上的障碍物。

（三十六）用时最要是精神，精神焕发耳目真。任凭他人飞燕手，蚁鸣我听虎龙吟。

释义：此歌诀讲的是对敌时对感官注意力的要求。与人交手时首先要提起精神，精神专注才能心静神安、耳目聪明。不管对方多么凶猛快速，都能精神高度集中、感官灵敏，听到蚂蚁小虫的鸣叫声就好像虎啸龙吟一样。

第五节　八卦掌四十八法诀

八卦掌"四十八法诀"同"三十六歌诀"一样，同出于清代尹福弟子金毓慧（即曾增启）之手，主要总结了八卦掌的实际用法，简要描述了八卦掌习练者实战交手中面对不同环境的应对方法，对于八卦掌和其他拳种的武术爱好者探索拳术实战意义，具有一定的参考价值。

一、八卦掌四十八法诀

（一）身法 　　　　　　　　（二十二）半圈手法

（二）相法 　　　　　　　　（二十三）整圈法

（三）步法 　　　　　　　　（二十四）心眼法

（四）迈法 　　　　　　　　（二十五）定眼法

（五）连步法 　　　　　　　（二十六）接器法

（六）囤步法 　　　　　　　（二十七）保身法

（七）手法 　　　　　　　　（二十八）乱人法

（八）力法 　　　　　　　　（二十九）开合法

（九）存力法 　　　　　　　（三十）定南法

（十）续力法 　　　　　　　（三十一）求近法

（十一）降人法 　　　　　　（三十二）六路法

（十二）决胜法 　　　　　　（三十三）不二法

（十三）用法 　　　　　　　（三十四）防滑法

（十四）致闭法 　　　　　　（三十五）稳步法

（十五）接拳法 　　　　　　（三十六）小步法

（十六）摘解法 　　　　　　（三十七）掌法

（十七）接单补双法 　　　　（三十八）忌俯法

（十八）指山打磨法 　　　　（三十九）忌仰法

（十九）脱身化影法 　　　　（四十）正身法

（二十）背后转身法 　　　　（四十一）辅身法

（二十一）磕、砸、劈、撞法 　（四十二）扭身法

二、八卦掌四十八法诀释义

（一）**身法**：手法步法要相随，手到步落力必微。手脚俱到腰欠力，去时迟慢难抽回。

释义：八卦掌要求手眼身法步密切配合，上下内外配合一致，如手击出，脚未跟上，那么其所用之力只是局部力量。即使手脚能配合而没有腰力的贯通，仍然不能发挥出身体整体的力量，这样进攻就会迟慢，变换不灵活，向回抽撤也更困难。

（二）**相法**：对御群敌相法先，未曾进步退当然。退步审势知变化，以逸待劳四两牵。

释义：面对众多的敌人时，要观察其强弱虚实。在进攻之前先要考虑退路，退不是逃避，未进先退是为了审时度势，知晓其变化，看清对方的虚实，从而避实击虚，乘隙而取胜。退步也可以掩盖自己的不足，引发敌人的破绽，以我之长，用较小的力量发挥出较大的力量，起到四两拨千斤的作用。

（三）**步法**：未从动梢先动根，手快不如半步跟。出入进退只半步，制手避招而安神。

释义：八卦掌交手运用时，都是根节发力，催动梢节。根梢的限定根据不同身体部位而有不同：论臂，手是梢节，肩为根节；说脚，胯是根节，足为梢节。发力时必须上下连成一气，快速的手法还须配合恰当的步法，步法进退只用半步，虽然距离短，但速度快，变化灵活，进攻躲闪时也只要半步。步法练得纯熟，用时才能得心应手。

（四）**迈法**：功夫本从弯步来，两手变化随步开，高挑低搂横避掩，推托带领不离怀。

释义：弯步即走圈，八卦掌的功夫都是从走圈中练出来的。不停的走转，两手的变化也跟着步法的走转而不停的变化，所以叫"手随步开"。将手法、步法、身法能够熟练密切配合时，就可以随意发挥挑、搂、避、掩、推、托、带、领的各种方法了。

（五）连步法：连步必三费功夫，使手要简自然无。搭手转身是空手，机会恰巧是江湖。

释义：此法诀讲八卦掌习练时有章法，但在对敌时要灵活，因人制宜、因地制宜。比如对敌时死守连环步、进退步等规矩，不能灵活运用的话，反倒费了功夫。手法也是一样，力求简便有效。比如与人搭手转身便走，用的是诱敌之计，目的是诱使对方出招，而我转身避之。这个搭手是空手，敌方因击空受惯性作用向前倾栽，失势拔根时，我又回身而击之，意指及时抓住战机，手法使用简洁有效。

（六）囿步法：囿步不要两相齐，前虚后实差相宜。若要站齐前后仰，亦且腰短少灵机。

释义：此法诀讲八卦掌步法要求，运用八卦掌与人交手时，虽然走转不停，但实际上每一次变招换式间会有短暂的停顿，这短暂的停顿即囿步。在囿步的时候，两脚不能并排站，应该前脚虚后脚实，静中寓动，两脚站齐容易导致向前倾或向后仰跌，而且虚实不分，进退翻转便不灵活了。

（七）手法：偏重则随双重滞，外硬里软拈枪势。横推里勾身有主，只有吸手腰腹随。

释义：手法和步法一样要分清虚实，并且要外刚内柔，刚柔相济。手法如同拈枪势，对手横来我推之，对手向里击来我则勾之，引化对方来力，我以身法为主，含胸吸手，腰腹相随。

（八）力法：人说冷弹快硬脆，我说冷弹是一般。脆硬细分无二致，发动全凭心力合。

释义：拳术都讲冷、弹、快、脆、硬五种力，对习练和使用的人而言，冷力和弹力是一样的。脆力与硬力从表面看似乎不同，其实两种力没有分别，八卦掌要求的是一个整劲，是心、意、气、力整体统一协作的结果，以心意为主导，以气运身，内劲发自丹田，下达足心，再上翻到腿、腰、脊、手而放出。

（九）存力法：只会使力不会存，力过犹如箭离弦。不但无功且有害，轻输重折而伤身。

释义：八卦掌要求发劲要留有余地，不能一下子发尽，要有余地，否则力用过了就像离弦的箭一样，不能回旋，不但达不到制人的目的，反而对自身有害，轻者输招，重者筋骨断裂，自身安全难保。

（十）续力法：力着他人根已断，若再续力彼难逃。此时唯有冲前步，长膀长腰一齐发。

释义：当力作用到对方身上，对方被我牵引或根劲已断，如果我方再继续施加力量，就能取胜。再次施加力量时要用步法向前冲，然后松膀沉腰一齐发劲，对方必然倾跌或翻倒。

（十一）降人法：快打慢兮不足夸，强制弱兮不为佳。最好比人高一招，盼顾中定不空发。

释义：快打慢、强制弱而取胜，不算好功夫，好功夫要靠刻苦练习，在任何情况下都比别人高一筹，做到顾盼中定、化打拿发皆不空用，随心所欲。

（十二）决胜法：彼力千钧快如梭，避强用顺快不挪。千人只有三五近，稍伸手脚不难遮。

释义：与敌交手时，如果对方力大速度快，要看清对方的来势，躲避其锋芒，顺势转身快速移动步法，使对方落空失势。若面对众多敌人时，也要沉着应对，能够接近身边的也只不过三五人而已，只要择其弱者先灭其威，其他众人就不敢贸然向前了。

（十三）用法：高打矮兮矮打高，斜打胖兮不须摇。若遇瘦长凭捋带，年迈无功上下瞧。

释义：此诀讲八卦掌的用法。对于比我矮的人，攻打对方的上部；对于比我高的人，攻打其下部；对于较胖的人应避开他的正面而攻打其侧面；如果遇到身材瘦长的敌人，用捋带的方法使对方摇晃而失去重心；遇到年迈无力的人，可以先声夺人，只要眼神虎视眈眈便可使对方心怯，甘拜下风。

（十四）致闭法：手讲三关脚伸屈，一手三关脚直遇。肩肘腕胯膝可用，缩颈空胸步带躯。

释义：手的三关是肩、肘、腕，脚的三关是胯、膝、踝。走圈转掌时紧闭上部的三关，而下肢的三关要做屈伸走转的变化，这是全身封闭的方法。所有三关的使用都要由脚步的直或弯来决定，并且与身法、步法密切配合。

（十五）接拳法：五花八门乱如麻，长拳短打混相加。你越快兮我越慢，我若发时神鬼夸。

释义：我国拳术种类繁多，五花八门各有所长，有长拳、短打以及混合使用的。与人交手时必须沉着冷静，不可盲目发招，要看清对方的来势再决定攻守，对方越快我就越要心定神安，看准对方的空隙，发则全力以整劲攻击。

（十六）摘解法：多少拿法莫夸技，两手拿一力固奇。任他神拿怕过顶，穿鼻刺目势难敌。

释义：不管多厉害的拿法，只要把被拿之手高举过头，就可以破坏对方的拿法，如果再用手穿对方的鼻子、刺眼睛，擒拿之法就更不好用了。

（十七）接单补双法：莫说两手仗坚兵，一来一往是其能。闭住右手左无用，双手齐来更无功。

释义：此诀讲的是空手破兵刃的方法。如果对方双手持兵器向我进攻，我只要闭住对方的右（左）手，他的左（右）手便无法使用了，即便对方双手齐来，只要闪过他，器械也就无用了。

（十八）指山打磨法：他人来手我不然，侧身还击彼自还。他若还时我入手，他若封时三手连。

释义：指山打磨法即声东击西的策略。对方若出手击来，我侧身以避之，并趁机还击，对方由于落空必收手急还，我则跟随他乘势进击，如果对方采取封闭之法，我方则使用连环三掌，连续攻击。

（十九）脱身化影法：他不来时我叫来，他要来时我化开。不须手避凭身法，步步不离两胯哉。

释义：此诀讲八卦掌特有的游击战术。与人交手时，对峙时可引对方出手，他若出手，我方则化开，对方若收回，我方则乘势进击。运用此方法凭借的是身法和步法的变换，特别是发挥腰胯的主宰作用。

（二十）背后转身法：伸手要小步要大，开步半跨贴身抓。跨步落地蹲身转，他要转时我鹰拿。

释义：八卦掌与人对敌大多是转到对方侧面或背后攻击，此诀就是讲转身的方法。出手攻人时，手中必须有含蓄之力，不可伸直，动作幅度要小，主要依靠步法来调整距离。在与对方贴身时只须半步，那时我方只用抓人之力就可制人；假如当我贴近对方时，对方出手拿我，那么我方必须用跨步落地蹲身而转以避开对方拿法，如果对方也跟着我转，那我就可以用鹰拿之法制之了。

（二十一）磕、砸、劈、撞法：磕来还磕我要先，砸右换步左手粘。劈来迭肘桩横立，撞来乾坤手摇圈。

释义：如果对方由外磕来，我也可用磕法磕去，但必须争取为先；若对方向里砸来，我便换步用左手粘其手，再换劲变出手为妙；若对方向我头劈来，我就要迭肘为桩，或横或立，化解对方来势；如果对方用手向我撞来，我就要用手按住对方来手并划圆圈便可泄其力。

（二十二）半圈手法：他人手法多直线，跨上半步等如闲。即或指直打斜法，再跨半步不相干。

释义：一般人进攻多直线而来，我只要斜跨半步，对方便落空了，即使对方用"指直打斜"的方法，我可仍用前法再斜跨半步，仍能使对方落空，这就是半圈手法，这种步法是避实就虚的主要方法。

（二十三）整圈法：四面敌人我在中，穿花打柳任西东。八方凭势风云变，不守呆势不守空。

释义：当被敌人包围的时候，不要惊慌，要镇定自若，不要守呆势，不使空手，不管四面八方的敌人怎样进攻，形势如何变化，要像蝴蝶在花丛中穿来穿去般，避实击虚，随机应变，走转不停，克敌制胜。

（二十四）心眼法：心如大将眼如法，见景生情能制他。最忌心痴眼不准，手忙脚乱费周折。

释义：此诀讲心与眼在八卦掌技击时的作用。心意是组织与决策进攻的将领，但心理决策指挥的依据是靠眼睛观察来的，见景生情就是随机应变，只要眼看准了，心不痴呆，手、眼、身法、步法密切配合，就不至于手忙脚乱，就能战胜敌人。

（二十五）定眼法：四面刀枪乱如麻，又当昏夜月无华。矮身定睛招路广，步步弯行必赢他。

释义：当黑天昏夜星月无光，被四面围攻的时候，则应蹲身下势，定睛凝神，以便看清对方来势，步法上使用弧形步法，左右变化，使敌人处处落空，这样才能乘虚攻击并取胜。

（二十六）接器法：长短单双器固精，算来不如两手灵。铁掌练来兵一样，肉手偏我肱腕行。

释义：各种兵器练的再精，由于占了双手，却不如徒手灵活。对方手持兵器来攻，我便闪身避开其锋芒，以步法、身法结合手法击其臂、腕，必致筋骨损伤而失去抵抗力，或夺取其兵器而取得胜利。

（二十七）保身法：以强胜弱不足夸，弱能胜强方是法。任他离弦箭快硬，左右磨身保无差。

释义：以强胜弱不足以夸奖，武术技术练就的是以弱胜强，这才是令人夸奖的好方法。面对不管多厉害的对手，强也好，快也好，硬也好，作为八卦掌习练者应对的方法就是挨近对方的身体左右旋转，攻击的目标总是敌人的侧、后方，不但能保证自身的安全，而且还能战胜强敌。

（二十八）乱人法：心乱先从眼上乱，千招不如掌一穿。对准鼻梁连环使，跨步制人左右还。

释义：使对手心乱首先要使对方眼上乱，最好的招法是用手掌连续向对方的鼻梁和双目直刺，使对方眼花心乱，再用跨步左右互换，迫使对方应接不暇，难以招架。

（二十九）开合法：欲合先开是一般，见开防合不二传。诈败佯输知卷土，指东打西意中含。

释义：任何拳术都讲开合，想合的话一般都要先开，欲合先开。当见到对方开的时候就要防合，如果对方不是由于筋疲力尽而败退，必是有诈，要当心对方会卷土重来，同时，还要注意对方声东击西。

（三十）定南法：任他千手千眼快，守住中心是枉然。不到要时不伸手，伸手就要发手还。

释义：此诀名为"定南法"，讲的是与对手交手时看天时、地利、地形、地貌、时间等，要占据有利地势。其实，还要注意天时与方向，如在阳光下，上午不向东，下午不向西，以避免阳光刺目，并守住自身不使有漏洞。这样，敌手再多，眼再快也是枉然，我不轻易出手，出手就要击其要害，使对方被迫退还。

（三十一）求近法：封闭固是护身招，躲过他人自逍遥。切忌远出尺步外，开门绕道法不牢。

释义：封闭、躲闪可以起到护身的作用，但是必须与对方的身体贴近靠拢，相距不能超过尺步以外，如果只是开门绕道，等于空兜圈子白费劲。

（三十二）六路法：他人六路是空言，我之掌法六路观。动步即能八方顾，瞻前顾后自无难。

释义：六路指前、后、左、右、上、下，八方指东、南、西、北四正方向以及东南、西南、东北、西北四隅方。拳术技击都讲眼观六路，耳听八方，许多拳术在步法上都不能照顾到这些方面，八卦掌的走转功夫正是眼观六路、耳听八方的具体有效练法，一动步便能看一圆周，自然能做到前后照应。

（三十三）不二法：法不准兮不妄发，发不中兮第二发。任他鬼神多灵妙，不钩魂兮亦裂牙。

释义：与人交手发招必须稳、准、狠，有的放矢，步法、身法、手法等都要到位，不能妄发，第一招发不中，还可以连续发第二招、第三招，但招招直逼要害，就可以使对方心惊胆战，失魂落魄。

（三十四）防滑法：冰天雪地步难牢，前横后直记心梢。转动须用小开步，切忌挺身法打高。

释义：在冰天雪地与人交手，为防脚下打滑，前脚横迈，后脚直迈，迈步要小，不宜过大，同时还要注意，不要挺身子向高处打，以免重心上升，导致下盘不稳，使身体前倾后跌。

（三十五）稳步法：步不稳兮身必摇，脚踏实地胜千招。进取足趾退悬踵，不扣步兮莫回瞧。

释义：与人交手时如果步不稳，身躯必摇，重心不稳，只有脚步沉稳，才能防身制敌。稳步法的方法在于前进时要足趾屈曲，落步时要十趾抓地，足心含空，退步时要把脚后跟提起来，脚尖擦地后撤，转身时要先扣步，不扣步不能回头看。

（三十六）小步法：回身转步必须小，步大舍身不灵脚。欲要转身迈半步，人难擒兮人不晓。

释义：要做到进退动转灵敏，则步子必须要小，步子大了身法就不灵敏了，小步法便于靠近敌身，使对方难以察觉和抵抗。

（三十七）掌法：掌法虽分上中下，上下不过是掌架。圆转自如唯中盘，高下全从此变化。

释义：任何拳术都讲上、中、下三盘功夫，八卦掌也有高、中、低架之分，练功时架子高省力，架子低容易练出功夫，但在使用时，以中架为最好，因为中架可以圆转自如，高则随之而上，低则因之而下，各种变法皆从中盘架势生出。

（三十八）忌俯法：低头如同眼不开，亦且身易往前栽。低头猫腰中枢死，全步全掌使不来。

释义：低头猫腰，就如同瞎子一样，看不见前方情况，而且身体也容易向前栽倒，低头猫腰时中轴弯曲，动转不灵，气血不能畅通，所有的招法、步法的使用都将受到影响。

（三十九）忌仰法：紧背空胸静中求，挺胸裀腹悔难收。迭肚吸腰来不及，最怕转身不自由。

释义：八卦掌习练者交手时强调空胸、紧背，气沉丹田，如果挺胸腆腹，则会妨碍叠肚吸腰，使动转不灵活。

（四十）正身法：全身力量在中枢，自身歪斜力不周。别看步弯身必正，发手如箭不停留。

释义：全身之力的动转、发放以及疏导都以腰部为中枢，如果立身不正，就会动转不灵，发力不整。不论步法如何变换，必须保持腰背中正安舒，这样才能发手如箭，又快又猛。

（四十一）辅身法：身如君王腰腿臣，君正臣强可制人。进退躲闪凭身法，若无腰腿不生神。

释义：辅身法是在立身中正的基础上进一步强调身法的运用。身法在拳术中如君王主宰一切，但是要靠腰腿来协助完成，进、退、躲闪都要靠身法带动，但是没有腰腿的配合，则达不到良好的效果。

（四十二）扭身法：人来制我已贴身，此时手脚不赢人。左右吸收用扭法，化险为夷把人擒。

释义：当对方与我贴近而进攻时，我用手法和步法化解都已来不及，唯一的方法是吸腰向右（左）转到敌侧或身后，这样便能化险为夷，乘机取胜。

（四十三）跨步侧身法：穿梭直入势难停，先发制人显他能。若遇比手接连退，不如跨步侧身灵。

释义：与人交手时，若遇到对方先发制人、连续不断地向我直击，不能一退再退地躲避、招架，只要横向跨步侧身，就可以使对方落空了。

（四十四）左右甩身法：闪躲东方西又来，摇身一变甩身开。左右连环皆如此，前推后捋腰安排。

释义：在一人对群敌时，避开了东面而西面又来，穷于应付，不如采取主动，用声东击西的办法接近敌人，将近身之敌前推后捋，总之，用左右甩身法要靠腰来主宰。

（四十五）蹲步沉身法：身高架大路上三，举手招封势所难。蹲步沉身使就下，入我机关用法宽。

释义：与人交手，如遇身材高大的人，用高架与之周旋，势必成劣势，此时先蹲身而下，对方必随我而下，对方的优势就变成了劣势，我的劣势就变成了优势，对方一旦被诱而弃高就下，就等于入了我的机关，我就可随心所欲，使用各种方法进行击打了。

（四十六）忌拿法：八卦之手不讲拿，我拿人兮我亦差。设若人多不方便，直出直入也堪夸。

释义：八卦掌不主张以拿法胜人，因为拿法只能拿住一人，并且也会占用双手，人多的时候更不能使用拿法，应该用直出直入，简单的方法取胜，这是较好的战术了。

（四十七）忌站法：混元一气走天涯，八卦真理是我家。招招不离脚变化，站住即为落地花。

释义：八卦掌的功夫是走出来的，走转时配合道家的导引吐纳，浑元一气，走转运动、技击制敌，主要靠两脚不停的走转变化，不能站住不动，站住不动就像花落地下，只能任人践踏。

（四十八）太上法：力要足活招要准，即或使空三不紊。招套招兮无穷极，要得所传在乎纯。

释义：力要足、劲要活、招要准是八卦掌技法运用达到纯熟的标准，即为"太上法"。如果因为估计错误而使招发空，首先要"三不紊"，心不慌、手不忙、脚不乱，才能看清对方的来势而变化招术，这样便能招中有招，手外有手，迫使对方穷于应付，达到这种变化莫测的境界，其功夫可谓纯熟了。

第四章　八卦掌基础功法

任何拳种都有其独特的筑基功法，不同的拳种有不同的要求。功与拳是根基与枝叶的关系，"练拳不练功，老来一场空"，这里所说的功既包括腰腿的基本功和拳势功架，更是一种动静相兼的内练功夫。八卦掌讲究以走为先、以掌为用、拧裹钻翻、随走随变，首先要在"走"字上面下功夫，其步法就显得尤其重要。拳谚云："八卦转掌妙无边，行如推磨走当先"；"进退抽撤连环步，摆扣走转似旋风"。由此可见，步法和掌法变化是八卦掌的精髓。八卦掌的"走"不仅要求能走直趟，还要求沿圆走转，走转过程中通过摆、扣步法来实现路线和动作的转换。坚持长期习练八卦掌，对于提升腿部力量、保持关节灵活度、增强平衡能力等方面都会产生显著效果。八卦掌基础功法当中包含了掌型掌法、步型步法、身型身法以及腿法等方面，本章只对主要步法和基础掌法进行简要介绍。

第一节　八卦掌基本步法

一、行步（趟泥步）

动作说明：

（1）直行：上体正直，两腿弯曲，一腿向前迈步，另一腿擦前腿内侧脚踝前行，落地时脚趾抓地，两腿交替前行。（图4-1-1）

（2）走圈：上体正直，两腿弯曲，里侧腿向前直行迈步，外侧腿擦里腿内侧脚踝沿圈前行，落步时脚尖微扣、脚趾抓地，两腿交替前行。

要点：行步时重心平稳，两臂圆撑、指尖相对按于腹前，两掌有下按之力。

图4-1-1

二、摆扣步

动作说明：

（1）摆步：脚尖外展，沿弧线上步，两脚成错综"八"字形。（图4-1-2）

（2）扣步：扣步又分为"丁"字扣步和"八"字扣步，上步落地时脚尖内扣与后脚成"丁"字形即为"丁"字扣步，而两脚尖相对则为"八"字扣步。（图4-1-3、图4-1-4）

要点：练习摆扣步时要注意摆、扣清晰，不可出现脚的碾动。

图4-1-2　　　　　　图4-1-3　　　　　　图4-1-4

第二节　八卦掌基础掌法——定势八掌

定势八掌是练习八卦掌的掌法基础，在蹚泥步走圈的基础上配合不同的掌法进行练习。习练定势八掌可以使腿部力量加强、腰部动作灵活，为进一步学习八大掌和拳械套路打好基础。本节均以左势为例对定势八掌的动作规格与要求进行说明。

一、下踏掌（猛虎下山）

动作说明：两臂圆撑、指尖相对按于腹前；循圈走转、目视圆心。右势动作相同，唯方向相反。（图4-2-1）

要点：双掌有下按之力；循圈走转过程中可将身体逐渐转向圆心，自然呼吸。

图4-2-1

二、双托掌（大鹏展翅）

图4-2-2

动作说明：两臂微屈，两掌向上平托，含胸沉肩，循圈走转。右势动作相同，唯方向相反。（图4-2-2）

要点：练掌时注意向圆心拧腰90°，双臂向上前伸时要有螺旋劲，含胸拔背，沉肩坠肘，力量到手，切忌端肩。

三、双抱掌（狮子张口）

动作说明：左掌掌心向上从颌下穿出，臂微屈，右掌掌心向下与左掌相对成抱掌姿势，两掌相抱，循圈走转。右势动作相同，唯方向、左右相反。（图4-2-3）

要点：气沉丹田，以意领气，练习双臂合抱之力，注意沉肩坠肘。

图4-2-3

四、双撞掌（怀中抱月）

动作说明：两臂向前圆撑，臂和掌向内拧裹，掌与肩平，掌心向前，力在掌根。右势动作相同，唯方向相反。（图4-2-4）

要点：练掌时双掌前撑，含胸拔背，双臂自然圆屈。不要端肩，要有前撞之力。注意拧腰坐胯，练出八卦掌的"横劲"。

图4-2-4

图4-2-5

五、阴阳掌（阴阳鱼掌）

动作说明：两掌呈前后撑掌，力在掌根，形似八卦图中的阴阳鱼；目视圆心，循圈走转。右势动作相同，唯方向、左右相反。（图4-2-5）

要点：两掌在身体前后圆撑，动作协调，劲力充实。

六、下掖掌（黑熊探臂）

动作说明：左臂外旋，掌指向下，掌心向外，屈肘向圆心推出，右掌掌心向下置于左肘之下，循圈走转。右势动作相同，唯方向、左右相反。（图4-2-6）

要点：练习时一定要沉肩坠肘，以意催肩，肩催肘，肘催手，劲力到手，练习掖撞之力。

图4-2-6

七、立桩掌（指天插地）

动作说明：左臂贴耳钻天，右掌、右臂经腹部、左胯旁斜插向地，力在指尖，循圈走转。右势动作相同，唯方向、左右相反。（图4-2-7）

要点：练掌时尽力松肩，上指下插，同时向下坐胯抽身，双臂不能僵直，要含有螺旋劲。

图4-2-7

八、推磨掌（青龙探爪）

动作说明：左臂微屈，左掌立掌，掌心向外对准圆心，右掌置于左臂肘下，立掌向外推，掌心向外，掌指与左臂肘尖相对，拧腰向圆心，循圈走转。右势动作相同，唯方向、左右相反。（图4-2-8）

要点：两臂前伸，两肘合抱，两掌共推，掌心、胸口都要对正圆心，注意沉肩坠肘，气沉丹田。

图4-2-8

第三节　八卦掌基础掌法——八大掌（变势八掌）

　　八大掌又称老八掌、变势八掌，是八卦掌中的核心掌法。据传，董海川先师在传拳过程中善于因人授拳、各授一艺，且只传授了前三个掌法，故除单换掌、双换掌、顺势掌以外的八大掌中的掌法皆为后世传人根据自身条件和对八卦掌的理解加以编创而成，所以各式练法虽名称相同但动作表现却略有差异。八大掌是在沿圆走转中变换掌式，要求左右势都要练习。为了使动作说明和图解更加清晰，本节所有掌式均以左势为例，右势动作与左势动作相同，唯方向、左右相反，八大掌中的每一式掌法都可以单独练习，也可以将八个大掌串连起来进行成套练习。

第一掌　单换掌

1. 起　势

动作说明： 并步直立，头正颈直，舌抵上腭；目视前方；双臂外旋向上托起，沉肩坠肘，高与肩平；随即屈臂折肘，掌心向下在体前缓缓下落；同时坐身屈膝。（图4-3-1～图4-3-4）

要点： 两臂向上平托时注意沉肩坠肘；屈膝按掌时头要顶、气要沉。

图4-3-1

图4-3-2

图4-3-3

图4-3-4

2. 行步转掌左势（青龙探爪）

动作说明： 在圈上直上左步；双掌掌心向上，向面前穿出，左掌在前，右掌置于前臂内侧；目视前方；向圆心拧腰转体；双臂内旋向圆心推出，左掌在前，高与眉齐，右掌置于左肘下；同时向左走圈。（图4-3-5～图4-3-8）

要点： 出掌与身体的拧转要协调配合，两臂含有拧裹力。

图4-3-5

图4-3-6

图4-3-7

图4-3-8

3. 闭门掩肘

动作说明：走圈行至起势之处，右脚在左脚前扣步；左臂外旋，掌心向内，掌指向上，在面前向右拧臂掩肘，右掌不动。（图4-3-9）

要点：左右脚成丁字扣步，右手紧贴左前臂外侧，注意掩肘的同时要拧腰。

图4-3-9

4. 懒龙横门

动作说明：在圈上摆左脚，向左转身；左臂内旋，掌心向外，在胸前横臂圆撑，右臂外旋，掌心向内，置于小腹前侧。（图4-3-10）

要点：左臂内旋撑掌与肩齐平呈弧形，摆脚与撑掌同时完成。

图4-3-10

5. 叶底藏花

动作说明：在左脚右侧扣右步呈"八"字型，向左拧身；左臂不动，右臂外旋，掌心向上，掌指贴胸向左腋下穿出；目视插掌方向。（图4-3-11）

要点：扣步、穿掌、拧腰动作协调一致，穿掌掌心向上。

图4-3-11

6. 青龙返身

动作说明：身体右转；右掌掌心向上，随身转动，自左臂下向前上方穿出；同时左臂外旋、掌心向上贴于右前臂之上。（图4-3-12）

要点：返身时双臂交错，目视右手方向，身体协调一致。

图4-3-12

7. 青龙探爪（右势）

动作说明： 向右走转的同时，双臂内旋，右掌在前高与眉齐，左掌在后置于右肘下，身体向圆心拧转；目视右掌虎口。（图4-3-13）

要点： 出掌与身体的拧转要协调配合，两臂含有拧裹力。

图4-3-13

第二掌　双换掌

1. 起势、左势转掌、闭门掩肘、懒龙横门

动作过程、要点与第一掌相应动作相同。

图4-3-14

2. 指天插地

动作说明： 右臂外旋掌指向上，贴左臂外侧向上螺旋伸出（指天）；同时左臂外旋，屈臂垂肘，左掌收至右肋；随即左掌掌指向下，掌背贴于右肋外侧屈膝下插（插地）。（图4-3-14～图4-3-17）

要点： 右臂尽力贴耳部并上指，左掌贴大腿外侧尽量下插，形成对拔抻拉之力。

图4-3-15   图4-3-16   图4-3-17

3. 燕子抄水

图4-3-18

动作说明：左脚在身体左侧圈上呈仆步，面对圆心；左臂内旋，经左肋沿左腿外侧向左脚方向插去。（图4-3-18）

要点：动作要敏捷，上身微前倾。

4. 走马活携

动作说明：重心移至右腿；
同时左掌向上挑起，右掌下塌于
腹前；随后右掌经体前向右后方
划一平圆，掌心翻上收回至腰
际。（图4-3-19~图4-3-21）

要点：右掌划平圆和回搂要以
腰带臂一气呵成，有搂抱之力。

图4-3-19

图4-3-20

图4-3-21

5. 叶底藏花、青龙返身、青龙探爪

动作过程、要点与第一掌相应动作相同。

第三掌　顺势掌

1. 起势、左势转掌

动作过程、要点与第一掌相应动作相同。

2. 脑后摘盔

动作说明：左脚在右脚前方扣步，向右转身，右脚在圈上摆步；左掌掌心向上置于身后；随即左脚向右脚前上步；左臂屈肘，掌心向前，自脑后经头顶向面前横臂推出，右手置于左臂之下。（图4-3-22～图4-3-25）

要点：身体的拧转与步法、手法协调配合，头颈保持正直。

图4-3-22

图4-3-23

图4-3-24

图4-3-25

3. 白蛇伏草

动作说明： 向右转身，面对圆心，右脚收回；随后坐身屈膝成仆步；双掌向下向身体两侧分开按出。（图4-3-26、图4-3-27）

要点： 身体略向右侧前倾，双臂圆撑，含胸拔背。

图4-3-26　　　　　　　　　　　　　图4-3-27

4. 走马活携

动作说明： 重心移至左腿；左掌掌心向下，随身体向左拧腰，在前侧划圆，右掌向右侧推出，掌心向外，左掌掌心翻上，自左腰前向腰际搂回。（图4-3-28、图4-3-29）

要点： 划平圆和回搂要一气呵成，要有搂抱之力。

图4-3-28　　　　　　　　　　　　　图4-3-29

5. 叶底藏花、青龙返身

动作过程、要点与第一掌相应动作相同，唯方向相反。

6. 青龙探爪（左势）

青龙探爪（左势）动作过程、要点与第一掌相应动作相同，唯方向相反。（图4-3-30）

图4-3-30

第四掌　背身掌

1. 起势、左势转掌

动作过程、要点与第一掌相应动作相同。

2. 迎门云片掌

动作说明：在圈上分别上右步、左步；同时右掌不动，以左肘为轴，左掌掌心向上，在面前划弧云片，掌指向前。（图4-3-31）

要点：左掌云片时以腰带臂、眼随手走，高度与视线齐平。

图4-3-31

3. 背身吐信

动作说明：右脚在左脚前扣步，坐身屈膝；同时左臂屈肘，向左肩方向回折，左掌掌心向上置于左肩处；向左转身，原地摆扣步，左脚在圈上跨一步成半马步；同时左掌向前穿出。（图4-3-32～图4-3-34）

要点：穿掌动作与上步动作协调一致，掌心含空向上挺，如白蛇吐信一般。

图4-3-32

图4-3-33

图4-3-34

4. 青龙出水

动作说明：上右步；右掌自左臂下方向前穿出，左掌置于右肘下方。（图4-3-35）

要点：手脚齐到，重心在后脚，目视穿掌方向。

图4-3-35

5. 燕子抄水

动作说明：右脚迅速抽回、向后撤步面向圆心成右仆步；同时右掌沿右腿外侧插出，左掌跟随在右掌后面。（图4-3-36、图4-3-37）

要点：撤步要迅速，双臂协调配合，目视右掌。

图4-3-36

图4-3-37

6. 仰身吐信

动作说明： 右掌上挑；重心上移，上左步，脚尖点地；仰身推出左掌，左掌掌指朝下、掌心朝外，右掌护于面前。（图4-3-38、图4-3-39）

要点： 左掌推出要有向下的沉压之力。

图4-3-38

图4-3-39

7. 白猿献桃

动作说明： 扣左脚；同时坐身屈膝，向右转体；双掌掌心向上托于右胸前。（图4-3-40）

要点： 托掌动作要求两掌根相对、贴腕坠肘。

图4-3-40

8. 双蛇吐信

动作说明： 向右摆扣步转体，面对圈外时右脚横跨一步；同时双掌分别向身体两侧穿出，右掌高左掌低；目视右掌。（图4-3-41～图4-3-43）

要点： 摆扣转体时保持立身中正，勿倾斜。

图4-3-41

图4-3-42

图4-3-43

9. 推山入海

动作说明：上左步；同时左掌自右臂下方向前穿出；左脚在圈上横跨一步成半马步；同时左臂内旋，掌心向外、向左前方推出，右掌掌心朝下，按于腹前；目视左掌。（图4-3-44 ～ 图4-3-46）

要点：推掌时以腰带臂，力达掌根。

图4-3-44

图4-3-45

图4-3-46

10. 走马活携

动作过程、要点与第二掌相应动作相同。

11. 叶底藏花、青龙返身、青龙探爪（右势）

动作过程、要点与第一掌相应动作相同。

第五掌　转身掌

1. 起势、左势转掌

动作过程、要点与第一掌相应动作相同。

2. 扣步带掌

动作说明：扣右脚；左臂外旋掌心向上，右臂内旋掌心向外，在面前向右横带。（图4-3-47）

要点：向右带掌时注意以腰带臂，扣步成丁字步。

图4-3-47

3. 霸王捆肘

动作说明：向左拧腰转体；摆左步成半弓步；右臂外旋屈肘，向前方下截，左手握拳自然托于右肘下方。（图4-3-48）

要点：右肘尖与左脚上下对称，同时拧腰发力。

图4-3-48

4. 拍胸扑肘

图4-3-49

动作说明：上右步，成半弓步；同时右肘向右划弧再向前横臂扑打，左掌附于右臂外侧。（图4-3-49）

要点：右臂"捆肘"与"扑肘"动作要连贯协调，手肘高度与胸平。

5. 阴阳鱼

动作说明：撤右步；右掌随身体右转横拨；上左步，左脚点在右脚前方成虚步；双掌外旋、掌心向上吸化；上右步；两掌心向上，右掌收于腰间；向身体左前方拧腰转体上左步；同时双臂内旋掌心向外，分别向身体前后推出，右掌在前，左掌在后成阴阳鱼式；摆扣步走成四步的小圈，旋转两圈。（图4-3-50～图4-3-53）

要点：形成阴阳鱼走小圈时，摆扣步法要清晰，拧腰走转。

图4-3-50

图4-3-51

图4-3-52

图4-3-53

6. 推山入海

动作过程、要点与第四掌相应动作相同。

7. 走马活携

动作过程、要点与第二掌相应动作相同。

8. 叶底藏花、青龙返身、青龙探爪（右势）

动作过程、要点与第一掌相应动作相同。

第六掌　磨身掌

1. 起势、左势转掌

动作过程、要点与第一掌相应动作相同。

2. 钝镰割草

动作说明：在圈上上右步；同时右臂外旋，掌心向上、向圆心云片砍出；随即在右脚前扣左步；同时左掌掌心向下，从右臂上方向圆心砍出，右掌收于左肋处。（图4-3-54、图4-3-55）

要点：右、左掌依次向圆心削砍，动作连贯协调。

图4-3-54　　　　　　　　　图4-3-55

3. 青龙掉尾

动作说明： 原地摆左脚；同时向左拧腰俯身，左臂内旋，屈肘屈腕，伸至背后。（图4-3-56）

要点： 俯身原地摆扣动作姿势要低，身法、步法协调配合。

图4-3-56

4. 白蛇缠身

动作说明： 起身扣右脚，再摆左脚、扣右脚；右掌经左腋下贴左臂向上穿出；继续左转身摆、扣步；右掌掌心向下，从左肩外按下，左掌翻成掌心向外。（图4-3-57～图4-3-61）

要点： 两臂向上钻、穿时要有拧裹力，摆扣步法与身体的含展协调一致。

图4-3-57

图4-3-58

图4-3-59

图4-3-60

图4-3-61

5. 叶底藏花、青龙返身、青龙探爪（右势）

动作过程、要点与第一掌相应动作相同。

第七掌　翻身掌

1. 起势、左势转掌

动作过程、要点与第一掌相应动作相同。

2. 迎面点脚

动作说明：右脚行至起势处时，重心右移；两臂外旋，掌心向上经胸前向身体前上方穿出；同时左腿提起，用脚尖向前点击。（图4-3-62～图4-3-65、图4-3-65附图）

要点：起腿注意要由屈到伸，髋部前送与双手砍掌动作同时完成。

图4-3-62

图4-3-63

图4-3-64

图4-3-65

图4-3-65附图

3. 燕子抄水

动作说明： 左脚在身体左侧圈上落步成仆步，面对圆心；左臂内旋，经左肋沿左腿外侧向左脚方向插去。（图4-3-66）

要点： 仆步下插时，掌背要紧贴大腿外侧。

图4-3-66

4. 大蟒翻身

动作说明： 重心移到左腿，俯身扣右步；右掌向左腋下插掌；随即仰面翻身，左脚尖点地成虚步；右掌掌心向上向前下方穿出，左掌向后上方穿出。（图4-3-67、图4-3-68）

要点： 向后仰身与左脚前点、右手插掌同时完成，动作协调配合。

图4-3-67

图4-3-68

5. 云龙献爪

动作说明：仰身不动；左掌掌心向上，自脑后经胸前向右肩后云片，右掌掌心向上，自左臂下向身后继续云片，左掌置于右肘内侧。（图4-3-69~图4-3-71）

要点：左右手依次后摆，右臂尽量向身后远处击打。

图4-3-69

图4-3-70

图4-3-71

6. 泰山压顶

动作说明：上体向左拧转，双腿位置不变；同时右臂内旋屈肘，右掌掌心向下，经头部向左肩外按掌，左掌置于右腋下。（图4-3-72、图4-3-73）

要点：拧身盖掌与撤步动作协调连贯。

图4-3-72　　　　　　　　　　　　　　　图4-3-73

7. 俯身撩掌

动作说明：向左拧身，面对圆心时，左脚在圈上向左跨一步；俯身的同时双掌掌心向外向两侧外展撑出。（图4-3-74、图4-3-75）

要点：撩掌时两臂尽量向上撩，夹紧背部。

图4-3-74　　　　　　　　　　　　　　　图4-3-75

8. 反背沉掌

动作说明：左脚向左侧横跨半步；同时双掌经腹前翻成掌心向上，用掌背向身体两侧砸下；目视左掌方向。（图4-3-76）

要点：跨步与双掌翻砸动作同时完成，协调一致。

图4-3-76

9. 推山入海

动作过程、要点与第四掌相应动作相同。

10. 走马活携

动作过程、要点与第二掌相应动作相同。

11. 叶底藏花、青龙返身、青龙探爪（右势）

动作过程、要点与第一掌相应动作相同。

第八掌　　回身掌

1. 起势、左势转掌

动作过程、要点与第一掌相应动作相同。

2. 迎门劈掌

动作说明： 行至起势处并步；同时右掌向圆心推出，随后右掌抽回，左掌再向前方推出。（图4-3-77、图4-3-78）

要点： 右手、左手依次向圆心劈出，动作协调连贯。

图4-3-77　　　　　　　　　　　　　　　图4-3-78

3. 燕子抄水

动作说明： 屈左腿蹲身，向右转身，背对圆心方向出右腿成仆步；同时双臂内旋，右掌在前，左掌在后，贴右腿外侧向前穿出。（图4-3-79、图4-3-79附图）

要点： 仆步背对圆心，右掌穿出后掌心向前。

图4-3-79　　　　　　　　　　　　　　　图4-3-79附图

4. 青龙出水

动作说明： 重心上移的同时上左步；同时左臂外旋，掌心向上自右臂下向前穿出，右掌置于左肘下；目视穿掌方向。（图4-3-80、图4-3-80附图、图4-3-81、图4-3-81附图）

要点： 上步时背对圆心，"燕子抄水"与"青龙出水"动作衔接协调流畅，可根据个人能力调整动作姿势的高低。

图4-3-80　　　　　　　　　　　　图4-3-80附图

图4-3-81　　　　　　　　　　　　图4-3-81附图

5. 走马回头

动作说明：右转回身；同时右脚点地成虚步；双掌顺势吸化。（图4-3-82、图4-3-82附图、图4-3-83、图4-3-83附图）

要点：双掌吸化动作要以腰带掌，与虚步同时完成，重心在后腿。

图4-3-82

图4-3-82附图

图4-3-83

图4-3-83附图

6. 回身撞掌

动作说明：右腿落步跟左脚，向圆心方向上左步，右脚跟步；同时双掌掌心向前推撞。（图4-3-84、图4-3-85）

要点：撞掌动作要求沉肩坠肘打出"寸劲"。

图4-3-84

图4-3-85

7. 并步搂手

动作说明：右脚向侧横开一步，左脚向右脚并拢；同时左掌上托与肩高，掌心向上，右掌向上将带，掌心向外；目视左掌。（图4-3-86）

要点：并步与左右掌的将带要同时，注意以腰带臂。

图4-3-86

8.推山入海、走马活携

动作过程、要点与第二掌相应动作相同。

9.叶底藏花、青龙返身、青龙探爪（右势）

动作过程、要点与第一掌相应动作相同。

第五章 八卦掌拳械套路选编

套路作为武术存在的主要运动形式之一，在武术文化传承过程中发挥着不可忽视的重要作用。其不仅是呈现优秀传统文化的"活化石"，也是承载拳种风格与技击招式的"动作库"，更是拳术习练和精进的一种重要手段。八卦掌拳械套路将该拳种独特的身法、步法以及攻防组合招式巧妙结合，通过动静转折、高低起伏、前进后退、左旋右转等动作和节奏变换，顾盼之间模拟再现徒手或运用器械与人交手实战的场景，不仅彰显"行走如龙、动转若猴、换势似鹰"的自然形态之美，具有很强的表演功能，更是融汇八卦掌功法、锻炼体能、揣摩技击的有效锻炼方式。由于不同流派传承过程中的发展与变化，使得八卦掌拳术和器械套路呈现出内容丰富、形式多样、风格各异的特点，其主要的拳术套路有游身八卦掌、先天掌、后天六十四掌、九宫八卦掌等；器械套路主要有刀、枪、剑、棍、钺、笔、钩、杆、轮、锐、戟等。本章主要介绍八卦掌中流传比较广泛的游身八卦掌、八卦剑、八卦子午鸳鸯钺以及八卦滚手刀等拳械套路。

第一节 游身八卦掌

游身八卦掌是在八卦掌基础掌法之上，根据八卦掌的基本技术特点创编的高级套路，其中包含了丰富的掌法、身法和步法的变换，在行步走转中进一步加强了八卦掌中独具特色的摆扣步、趟泥步的练习；更在拧裹钻翻、推托带领等不停变换的掌势中体现着八卦掌劲力沉实、刚柔并济的风格特色，可谓螺旋劲层出不穷，拧裹劲变化万千，突出了八卦掌以掌为法、以走为用的技击特点。具有非常好的健身、防身和观赏价值。

一、动作名称

预备式

1. 起势

2. 青龙探爪（左势）

3. 闭门掩肘

4. 懒龙横门

二、动作图解

预备式

动作说明：并步直立；双手自然垂于身体两侧；目视前方。（图5-1-1）

图5-1-1

1. 起势

动作说明： 双臂外旋，两掌自体侧向上托起，高与肩平；随即双臂内旋，屈臂折肘，两掌下按；同时坐身屈膝；目视前方。（图5-1-2～图5-1-5）

要点： 两臂向上平托时注意沉肩坠肘，屈膝按掌时头要顶、气要沉。

图5-1-2

图5-1-3

图5-1-4

图5-1-5

2．青龙探爪（左势）

动作说明：向前直上左步；双掌掌心向上经胸前穿出，左掌在前，右掌置于前臂内侧；随即向圆心拧腰转体；双臂内旋，双掌向圆心推出，左掌在前，高与眉齐，右掌置于左肘下。（图5-1-6、图5-1-7）

要点：穿掌、推掌与行步、身体的拧转协调配合，两臂含有拧裹力。

图5-1-6　　　　　　　　　　　　图5-1-7

3．闭门掩肘

动作说明：行至起势之处，上右脚扣步，与左脚成"丁"字步；左臂外旋，掌心向内，掌指向上，在面前向右拧臂掩肘，右掌不动紧贴左手前臂外侧；目视左掌虎口。（图5-1-8）

要点：左手掩肘动作要以腰带臂，有拧裹力。

图5-1-8

4. 懒龙横门

动作说明：向左转身，摆左脚；左臂内旋，掌心向外在胸前横臂圆撑，高与肩平，右掌掌心向下按于腹前。（图5-1-9）

要点：左臂向外具有圆撑之力，右手内裹置于小腹前侧，两臂具有合抱之力。

图5-1-9

5. 叶底藏花

图5-1-10

动作说明：上右脚扣步，与左脚成"八"字步；向左拧身；左臂不动，右臂外旋，掌心向上，掌指贴胸向左腋下穿出；目视穿掌方向。（图5-1-10）

要点：扣步、穿掌、拧腰动作协调一致，立身中正。

6. 迎门开掌

动作说明：上左脚扣步，与右脚成"丁"字步向右转身；右掌自左臂下向身体右前方穿出，左掌外旋置于右肘上方，掌心向上；目视右掌虎口。（图5-1-11）

要点：左脚扣步、转身与穿掌须节奏一致。

图5-1-11

7. 推窗望月

图5-1-12

动作说明：原地摆右脚右转身；右臂内旋掌心向外，在胸前向外圆撑，左掌掌心向下按于腹前。（图5-1-12）

要点：右臂需有外撑之力，两臂须有合抱之力。

8. 叶底藏花

动作说明：上左脚扣步后原地摆、扣步，成"八"字步；同时左臂外旋，掌心向上从右腋下穿出；身体右转；目视左掌穿掌方向。（图5-1-13）

要点：摆、扣步、穿掌、拧腰动作协调一致，身体整体须有合劲。

图5-1-13

9. 行步撩衣

图5-1-14

动作说明：接上式，向左转身；同时摆左步成半马步；左掌经腹前由下向上撩起，掌指朝前，虎口向下，右掌自然按于腹前；目视左掌。（图5-1-14）

要点：左掌撩掌与右手下按须同时，具有上下、前后的对拉之力。

10. 脑后摘盔

动作说明： 上右脚扣步，与左脚成"丁"字步；右掌掌心向上自左臂下向前穿出，左掌置于右肘上方；双脚不动，腰部向左拧转回身；右臂内旋屈肘，掌心向外，随后自脑后向左肩前推出，左掌立掌于右胸前，掌指向上；同时，双腿屈膝，左脚尖点地；目视右掌。（图5-1-15～图5-1-17）

要点： 身体扭转后坐，同时屈肘前推，头颈部须正直。

图5-1-15

图5-1-16

图5-1-17

　　动作说明：向左转身；上左步成仆步；同时左臂内旋，沿左腿外侧向左脚方向穿掌，掌指朝前，右掌下按于腹前。（图5-1-18、图5-1-19）

　　要点：重心在右腿，上身前倾。

图5-1-18

图5-1-19

12. 走马活携

动作说明：重心前移至左腿成半马步；左掌向左横掌推进，右掌按于腹前；目视左掌；右掌、左掌随身体重心右、左移动，经胸前向两侧划弧，掌心向外；眼随手动；右掌再次经胸前划弧后，置于腹前，掌心向上，同时左掌向左推出；目视左掌。（图5-1-20 ~ 图5-1-24）

要点：手掌胸前划弧要以腰带臂，有搂抱之力。

图5-1-20　　　　　　　　　　　图5-1-21

图5-1-22

图5-1-23　　　　　　　　　　　图5-1-24

13. 白蛇吐信（右势）

动作说明：左脚原地外摆，上右步；同时右掌以肘为轴经面前划弧前穿，掌心向上，左掌掌心向下置于右肘下方；上左脚扣步，身体右转；右臂屈臂折肘置于右肩处；向右原地摆、扣步后，上右脚成半马步；同时右掌向前穿出；上左脚扣步；同时左掌自右臂下方向前穿出；随后移重心到左腿，右脚向左脚后插步，向右转身后两掌掌心向上做右、左穿掌；目视穿掌方向。（图5-1-25～图5-1-31）

要点：穿掌、屈肘与身体的拧转以及脚的扣步、摆步、插步须配合一致，眼随手动。

图5-1-25

图5-1-26

图5-1-27

图5-1-28

图5-1-29

图5-1-30

图5-1-31

14. 白蛇吐信（左势）

动作说明：与白蛇吐信（右势）动作相同，唯方向、左右相反。（图5-1-32 ~ 图5-1-39）

要点：穿掌、屈肘与身体的拧转以及脚的扣步、摆步、插步须配合一致，眼随手动。

图5-1-32

图5-1-33

图5-1-34

图5-1-35

图5-1-36

图5-1-37

图5-1-38

图5-1-39

15. 阴阳鱼

动作说明：左臂内旋屈肘回收，掌心朝面部，掌指朝上，右掌掌心向上回收至腹前；同时左脚向右脚并步，脚尖点地；随即上左步；左掌经体前向左前方撩出，右掌下按置于腹前；上右步并步屈膝；同时右掌向前撩出，掌心朝前，掌指向下，左掌掌指向上置于右肘处；身体向右转，上左脚扣步后随即摆扣步；同时左臂外旋、右臂内旋，两臂在胸前交叉后左掌向右前方推出，掌心朝前，右掌经右肋向左后方推出，掌心向后。（图5-1-40～图5-1-47）

要点：撩掌、推掌与身体的拧转以及脚的扣步、摆步须配合一致，前后推掌要有撑力，眼随手动。

图5-1-40

图5-1-41

图5-1-42

图5-1-43

图5-1-44

图5-1-45

图5-1-46

图5-1-47

16. 单蛇吐信

动作说明： 摆、扣步不停；右掌下穿，左掌置于右肘处，掌心朝前；随即左掌下穿，右掌置于左肘处；向右转身，提右膝；右掌掌心向上经胸前穿出，左掌在身后推出；目视右掌前方。（图5-1-48～图5-1-50）

要点： 提膝与右掌前穿、左掌后推要同时，并形成合力。

图5-1-48

图5-1-49

图5-1-50

17. 大蟒翻身

动作说明： 落右腿同时屈膝蹲身；随即扣左步，俯身向下；右掌经右肋部向下穿掌，左掌向右腋下穿出；右脚尖点地成虚步；同时仰面翻身，左掌向前下方穿出，右掌向后上方穿出；目视前方。（图5-1-51～图5-1-53）

要点： 重心置于左腿，身体保持平衡，两掌反向穿出需要有反向的对争力。

图5-1-51

图5-1-52

图5-1-53

18. 鹞子穿林

动作说明： 身体右转，原地摆扣步；同时右掌经右肋向右方穿出，左掌置于右腋下；左、右上步；同时左掌从右肘下穿出，右掌收回至左肘内侧；身体左转，原地摆扣步；同时左掌磨肋向左方穿出，右掌置于左腋下；再右、左上步；同时右掌从左腋下穿出，左掌收回至右肘内侧。（图5-1-54～图5-1-59）

要点： 穿掌与步法须配合一致，前后互换穿掌时须两前臂交错紧贴。

图5-1-54

图5-1-55

图5-1-56

图5-1-57

图5-1-58

图5-1-59

19. 灵蛇入洞

动作说明：扣右脚左转身；右掌经左肘下向前穿出；同时向左前方前行3步，而后左掌经右肘下向前穿出；同时向右前方前行3步；目视穿掌方向。（图5-1-60、图5-1-61）

要点：穿掌与步法相协调，以身带步，整体动作连贯一致。

图5-1-60

图5-1-61

20. 乌龙摆尾

动作说明：身体右转，后撤右步；同时右臂屈肘外旋，经胸前划弧；左脚向右后侧插步；同时左臂屈肘外旋，经胸前划弧，右臂内旋置于身体右侧；继续向右方上右步；右臂外旋置于身体右前方，左臂内旋左掌置于右肘下侧；目视右掌。（图5-1-62～图5-1-64）

要点：上臂的内旋与外旋须以腰带臂，眼随手动。

图5-1-62

图5-1-63

图5-1-64

21. 阴阳鱼

动作说明：左脚向右脚后插步；右臂屈肘外旋，掌心朝面部，掌指朝上，左掌掌背贴于右肘处，掌指朝上；目视右掌虎口；上左步；同时右掌向左肩方向推出；上右脚扣步；同时右臂外旋，左臂内旋在胸前交叉，两掌掌心向上；随后身体左转，上左步；双掌经肋部划弧，左掌向右后方推出，右掌向左前方推出；目视右掌方向。（图5-1-65～图5-1-68）

要点：屈肘、推掌须与身体的拧转和步法的配合协调一致，眼随手动。

图5-1-65

图5-1-66

图5-1-67

图5-1-68

22. 提膝撞掌

动作说明： 接上式，撤右步，跟左步；同时左臂外旋，右掌置于左前臂上，左掌掌心朝前，双掌收于左腰间，随后提左膝；同时双掌向身体侧方推出，掌根相对，掌指分别朝向左右两方向；目视推掌方向。（图5-1-69、图5-1-70）

要点： 提膝与推掌须形成合力，保持身体平衡。

图5-1-69   图5-1-70

23. 白猿献桃

动作说明： 落左脚，上右步，再上左脚点地，随后马上后撤并向左摆步；接着上右步，双掌上托于胸前，掌根相对，掌心朝上。（图5-1-71、图5-1-72）

要点： 注意髋部的屈伸带动脚步的移动，双掌上托时含胸拔背，两肘尽量贴近。

图5-1-71   图5-1-72

24. 狮子张口

动作说明：上左脚扣步；同时两掌收于腰间；转身上左脚、右脚；同时左掌在下、右掌在上，两掌相对，呈狮子张口状向身体左侧穿出；目视左掌。（图5-1-73）

要点：肩部放松，两掌要对应而立，且有合抱之力。

图5-1-73

25. 拧身削掌

动作说明：身体左转，左脚上前扣步；同时右臂外旋、掌心向上经面前划弧，随后左掌掌心向下经右臂上方向前砍出，右掌收于左肋处；目视砍掌方向。（图5-1-74、图5-1-75）

要点：右、左砍掌与步法的配合连贯协调。

图5-1-74

图5-1-75

26. 风轮劈掌

动作说明：身体右转，摆右脚；同时右掌划弧向下劈出；随之左脚上步；左掌从上方以弧线下劈；右脚再向左脚后方插步，身体向右后拧转成仆步；同时双掌向身体两侧外展，掌心向上；目视右掌。（图5-1-76～图5-1-79）

要点：劈掌成立圆，快速有力，与摆步、扣步、插步须配合一致。

图5-1-76

图5-1-77

图5-1-78

图5-1-79

27. 反背锤

动作说明：身体左转，上右脚扣步；双手握拳合抱在一起；随即身体继续左转，上左步成半马步；同时双拳外展，以拳背向身体两侧抢打；目视左拳。（图5-1-80、图5-1-81）

要点：双拳的合抱与抢打需要有开合之力，身随步动。

图5-1-80   图5-1-81

28. 提膝腕打

动作说明：向右转身，上左脚扣步，重心移至左腿，右膝提起的同时，右掌变钩手用腕部向右前方顶打，左掌变钩手置于右肘下方；目视右钩手方向。（图5-1-82、图5-1-83）

要点：提膝与腕打动作须同时，形成合力，保持身体平衡。

图5-1-82   图5-1-83

29. 天马行空

动作说明：向前落右脚，随后扣左步身体右转；同时两钩手变掌，掌心向内；再依次上右步、左步；同时左掌在上、右掌在下合抱圆撑，掌心向内；目视左掌虎口。（图5-1-84~图5-1-87）

要点：双掌上下互换需要有合抱圆撑之力，身体保持中正。

图5-1-84

图5-1-85

图5-1-86

图5-1-87

30. 横扫千军

动作说明： 向右后转身，在走转中完成左臂云片、右臂经左臂下穿掌摆臂动作；随即，借势向左后转身，在走转中完成右臂云片、左臂经右臂下穿掌摆臂动作；上右步，身体右转仰身向后上方穿掌摆臂横击；再上左步，仰身向左后上方穿掌摆臂横击；眼随手走。（图5-1-88～图5-1-94）

要点： 此式对身法要求较高，动作连贯圆活，身随步走、掌随身变，左右横扫动作要以腰带臂，练出横劲。

图5-1-88

图5-1-89

图5-1-90

图5-1-91

图5-1-92

图5-1-93

图5-1-94

31. 指天插地

动作说明： 原地摆左脚，身体向左俯身；同时左臂内旋，屈肘、屈腕经左肋向背后穿出，掌指朝上；扣右脚，逐渐起身；右掌从左腋下向上穿出，掌指向上；随即并左脚，屈腿下蹲；左掌从右腋下向下插地，右掌直臂指天。（图5-1-95～图5-1-99）

要点： 手臂的上穿与下插需要有对拔抻拉之力，重心置于右腿，注意屈髋，身体保持中正。

图5-1-95

图5-1-96

图5-1-97

图5-1-98

图5-1-99

32. 枯树盘根

动作说明：左脚向身体左侧开步成仆步；同时双掌分别向身体两侧抡打，掌心向上，左掌置于左脚上方；目视左掌。（图5-1-100）

要点：双掌的抡打与步法配合一致，要有开合之力。

图5-1-100

33. 转身反背掌

图5-1-101

动作说明：上右脚转身成左仆步；同时双掌分别向身体两侧抡打，掌心向上，左掌置于左脚上方；目视左掌。（图5-1-101）

要点：双掌的抡打与步法配合一致，要有开合之力。

34. 大蟒翻身

动作说明：身体右转，右脚摆步，左脚扣步；左掌向右腋下插去；右脚尖点地成虚步；同时仰面翻身，左掌掌心向上，向前下方穿出，右掌向后上方穿出，掌心向上；目视上方。（图5-1-102、图5-1-103）

要点：重心置于后腿，身体保持平衡，两手臂反向穿出需要有对争力。

图5-1-102

图5-1-103

35. 怪蟒翻身

动作说明： 身体左转，左脚摆步，右脚扣步；左掌经肋部向下穿掌，右掌向左腋下插掌；随即翻身提左腿，以左脚尖向前方点出；同时两掌前后穿出。（图5-1-104～图5-1-106）

要点： 翻身与前点腿要连贯协调，身体保持平衡；点腿与前后穿掌要有反向的对争之力。

图5-1-104　　　　　　　　　　图5-1-105

图5-1-106

36. 白蛇伏草

动作说明：左脚向后摆步；撩左掌；上右脚扣步；穿右掌；摆左步；右掌折肘置于脑后，左掌置于左腋下；继续原地摆扣步；右掌逐渐经脑后向左肩方向落下，当面朝起势方向时，双臂合抱；左脚向左侧横跨一步；双掌掌心向下，掌指相对经胸前向前下按；目视左掌。（图5-1-107～图5-1-111）

要点：注意屈髋下蹲，含胸拔背，两臂圆撑下按。

图5-1-107

图5-1-108

图5-1-109

图5-1-110

图5-1-111

37. 收 势

动作说明： 收左脚并步；同时双掌掌心上托；随后身体缓慢直立；双臂内旋、折肘下按，双掌放松置于身体两侧；目视前方。（图5-1-112～图5-1-115）

要点： 气沉丹田、周身放松、平心静气。

图5-1-112

图5-1-113

图5-1-114

图5-1-115

第二节　八卦剑

　　剑被称为"百兵之君"，在浩瀚武林之中占有重要地位。古代的帝王将相、文人墨客多以佩剑为荣，久而久之，剑被大众视作有智慧、有内涵、有身份的兵器。中国武术拳种流派众多，各门各派除了拥有风格各异的拳术套路以外，也有技法奇妙的器械套路。八卦剑是在八卦掌的基础之上，依据八卦掌之技击原理、结合剑法使用的基本要求创编而成。八卦掌讲究以掌为法、以走为用，习练八卦剑则要求以剑为法、以走为用，剑法、身法与走转相结合，人随剑走，剑随人转，身剑合一，绵绵不断，技法层出不穷、变化多端。

　　八卦剑的规格区别于其他门派剑术的一般规格，其剑身总长四尺二寸（约1.4米），重量一般约1千克及以上，可以根据习练者身高和演练需求做适当调整。本节介绍的八卦剑套路创编自刘敬儒老师（中国武术九段、国家级非遗项目八卦掌代表性传承人），整套剑法结构严谨，动作潇洒、飘逸，姿态优美，具有愉悦身心、自卫防身和强身健体的价值功能。

一、动作名称

预备式

1. 起势
2. 进步劈剑
3. 提膝圈剑
4. 独立劈剑
5. 海底捞月
6. 右转剑
7. 下截剑
8. 落步劈剑
9. 带剑
10. 海底捞月
11. 左转剑
12. 中心刺剑
13. 左右片膀
14. 转身探剑
15. 进步挂剑
16. 掖剑
17. 犀牛望月
18. 进步崩剑（走圈）
19. 金丝缠腕
20. 翻身剑
21. 磨身剑
22. 孤雁出群
23. 风摆荷叶
24. 拨草寻蛇

二、动作图解

预备式

动作说明：左手持剑并步直立，剑身贴于左臂后侧，右手成"剑指"垂于身体右侧；目视前方。（图5-2-1）

图5-2-1

1. 起势

动作说明： 左手反手持剑，于胸前抬臂屈肘、高与肩平，剑柄置于右肩前，右手剑指搭在左手背上，成怀中抱剑姿势；目视前方。（图5-2-2、图5-2-2附图）

要点： 以身体的拧转带动上肢屈肘抬臂，使剑平扫与肘同高。

图5-2-2　　　　　　　　　　　　　　图5-2-2附图

2. 进步劈剑

动作说明： 接上式，将剑交于右手；上右步；右臂内旋翻腕经上向右膝前劈出，成弓步劈剑，左手剑指伸架于头部左上方；目视劈剑方向。（图5-2-3）

要点： 劈剑与上步同时完成，腕部发力，力达剑身。

图5-2-3

3. 提膝圈剑

动作说明：提右膝成独立步；同时右臂内旋，右腕向内、向前拧动，带动剑尖拧动一圈，剑刃朝前、剑尖朝下停于右腿前，左手剑指搭在右手腕部；目视剑身。（图5-2-4）

要点：剑尖拧动时要含前推之力，剑刃朝向正前方。

图5-2-4

4. 独立劈剑

动作说明：落右脚、提左膝成独立步；同时右手持剑向体前弧形下劈，左手剑指上架于头部左前上方，手臂圆撑；目视剑身。（图5-2-5）

要点：劈剑力达剑身前部，劈剑与提膝动作要同时完成。

图5-2-5

5. 海底捞月

动作说明：

（1）向身后落左脚；同时右手持剑提腕欲向身体右前方下劈。（图5-2-6）

（2）上动不停，右臂外旋成手心朝上握剑，剑身贴近地面平行移动，当向上起身时，剑随身走自左脚前抄起，左臂外摆配合；眼随剑动。（图5-2-7）

要点：抄剑时重心逐步左移，剑身与地面平行抄起，做到身剑合一、动作连贯、协调一致。

图5-2-6

图5-2-7

6. 右转剑

动作说明：向左前方上右步；同时将抄起之剑置于右额前上方，剑尖略低于剑柄，左手伸架于左额前上方，剑指与剑身连成一线，向右转头托剑走圈；目视剑身。（图5-2-8）

要点：托剑走圈时，要拧腰转体，托剑手要高过头部。

图5-2-8

7. 下截剑

动作说明：

（1）托剑右转一圈后，向左转体180°，扣右脚；同时将剑举过头顶，剑尖向右，左手置于右腋下；目视身体左前方。（图5-2-9）

（2）左转身，提左膝成独立步；同时左手剑指上架，右手持剑向左脚前下方截剑；目视剑身。（图5-2-10）

要点： 扣右脚的同时将剑举过头顶，下截剑时扣腕使剑刃向下、平落发力。

图5-2-9 　　　　　　　　　　　　图5-2-10

8. 落步劈剑

动作说明： 左脚向身后落步成右弓步；同时右手持剑向面前劈下，左手剑指附于右腕部；目视劈剑方向。（图5-2-11）

要点： 撤步与劈剑要同时完成。

图5-2-11

9. 带剑

动作说明： 左转身成左弓步；同时右臂外旋，掌心朝内持剑，在头顶前上方自右向左带剑，左手剑指按于剑柄；目视剑身。（图5-2-12、图5-2-12附图）

要点： 以腰带剑，剑身与身体动作成一水平线。

图5-2-12

图5-2-12附图

10. 海底捞月

动作说明： 身体下坐成右仆步；同时右臂内旋，掌心朝下持剑下落，由低到高逐渐抄剑而起；目视剑身。（图5-2-13）

要点： 做抄剑动作时重心要平稳，剑与地面平行贴近。

图5-2-13

11. 左转剑

图5-2-14

动作说明： 接上式，当右手掌心朝前持剑，将剑运行至右额前上方时，向身体左侧刺出，剑置于左额斜前方，同时左手剑指搭在右腕之上，向左转头目视刺剑方向，托剑走圈。（图5-2-14）

要点： "海底捞月"与"左转剑"要连贯顺畅，"左转剑"时要向圆心拧腰转体，持剑手要高过头顶。

12. 中心刺剑

动作说明： 接上式，向左持剑走圈时，突然扣右脚向圆心上左步（即向左转体90°面对圆心）；左手剑指从腰间穿出指向圆心；随之上右步刺剑；剑指回收附于右腕内侧；目视刺剑方向。（图5-2-15～图5-2-17）

要点： 向圆心转体要突然，刺剑要快速、有力，力达剑尖。

图5-2-15

图5-2-16

图5-2-17

动作说明：

（1）向前上左步；同时右手持剑经体前向上划弧至左肩外侧劈砍，同时左手剑指上指；向左转头回视剑身，此为"左片膀"。（图5-2-18、图5-2-18附图）

（2）右转身，上右步；同时持剑手向上翻腕，向右肩外侧劈砍；向右转头目视剑身，此为"右片膀"。（图5-2-19）

要点：左右片膀要连贯，注意用腰带动持剑手的运行。

图5-2-18　　　　　　　　　　　图5-2-18附图

图5-2-19

14. 转身探剑

动作说明：向前上左步、扣右脚，左转身撤左脚与右脚成并步；同时右手虎口朝下持剑向前刺出，左手剑指附于右臂内侧；目视前方。（图5-2-20～图5-2-22）

要点：探剑时身体前倾、两脚脚跟可离地，同时含胸拔背向圆心刺探。

图5-2-20

图5-2-21

图5-2-22

动作说明：

（1）向前上左步；同时右手持剑紧贴左腿外侧向身后挂挑，左手剑指搭在右腕上；目视左后方。（图5-2-23、图5-2-24）

（2）右臂外旋向上翻腕，将剑返回；随即上右步；同时向下翻腕，当剑尖朝后下方时，贴右腿外侧向身后刺出，左手剑指搭在右腕上；目视剑身。（图5-2-25、图5-2-26）

要点：左右挂剑要成立圆连贯完成，挂剑时可拧身配合，做到身剑合一。

图5-2-23

图5-2-24

图5-2-25

图5-2-26

16. 掖剑

动作说明： 接上式，右臂绕圆内旋扣腕，持剑经腰间向身后穿出，剑尖朝向后下方时，向后撤右步成右仆步；同时贴右腿外侧将剑向身后刺出；目视剑身。（图5-2-27～图5-2-29、图5-2-28附图）

要点： 以身法带剑，仆步与刺剑配合一致。

图5-2-27

图5-2-28

图5-2-28附图

图5-2-29

　　动作说明：接上式，仆步掝剑后顺势右脚后插成卧步；同时右臂外旋翻成掌心朝上，持剑向头部左前上方削出，左手剑指搭在右腕部；向左拧身；目视剑尖。（图5-2-30、图5-2-31、图5-2-31附图）

　　要点：向后插步与向左回身、斜前上方削剑要协调一致。

图5-2-30

图5-2-31

图5-2-31附图

18. 进步崩剑（走圈）

动作说明：起身、向前上右步；同时双臂向身体两侧弹抖将右剑崩出，剑尖朝斜上方指向圆心，左手剑指高与肩平；目视剑身，向右走圈。（图5-2-32、图5-2-32附图）

要点：崩剑发力时以腰带臂、双手腕部同时发力，达到身剑合一的境界。

图5-2-32

图5-2-32附图

动作说明：向右走转一周；在走转中右手掌心朝上持剑向内缠绕，连续3次，左手臂向外圆撑；目视剑尖。（图5-2-33～图5-2-35）

要点：剑的缠绕、步的走转要协调一致，达到身剑合一。

图5-2-33

图5-2-34

图5-2-35

动作说明：

（1）当第3次"金丝缠腕"结束后，向圆心上右步；同时右臂内旋向上拧臂；目视剑尖。（图5-2-36）

图5-2-36

图5-2-37

（2）向右脚前扣左脚；左手剑指自右腋下指出，右手持剑继续向前伸，伸剑时身体向右拧动翻身，成仰面朝天姿势；双目后视。（图5-2-37）

要点：剑尖的方向始终不变，以步法、身法翻转身体。

21. 磨身剑

动作说明： 接上式，向左转体，俯身摆左脚、扣右脚；同时右手向左屈腕将剑带回，剑尖朝斜下方，剑身贴在左臂外侧，左臂自然下垂；继续向左转体，原地摆左脚、扣右脚；向左转头，目视身后。（图5-2-38～图5-2-40）

要点： 向左转体连续摆扣四步，无丝毫间隙，一气呵成。

图5-2-38

图5-2-39

图5-2-40

22. 孤雁出群

动作说明： 当右脚扣步时，提左膝成独立步；同时右手持剑经腰间向右前上方刺出，左手剑指横架于头部上方；目视剑尖。（图5-2-41）

要点： 刺剑、提膝与左手的剑指上架要同时，互相配合、协调一致；剑尖极力上刺，仿佛一只孤雁斜向飞出，离队而去。

图5-2-41

23.风摆荷叶

动作说明：

（1）左脚下落，转身上步；同时右手持剑贴近身体向前撩出，左手剑指搭在右腕之上；目视剑身。（图5-2-42～图5-2-45）

图5-2-42

图5-2-43

图5-2-44

图5-2-45

（2）接上式，向右转身，右、左上步；同时右臂内旋，虎口朝下持剑，贴身反向撩剑，左手剑指搭于右腕之上；目视剑尖。（图5-2-46～图5-2-48）

要点：动作要连贯，行步要自如，左手剑指与右手撩剑动作协调配合，剑随身动，连绵不断，犹如荷叶随风摇摆。

图5-2-46

图5-2-47

图5-2-48

24. 拨草寻蛇

动作说明:

（1）接上式，上左步扣右步；同时右手持剑经后向下、向前上方将剑举至头上，剑尖向后，左手剑指置于右腕内侧；目视剑尖方向。（图5-2-49、图5-2-50）

（2）继续左转身，连续快速撤两步成左虚步；在含胸收腹的同时，双臂下落，在腹前相交，随之剑尖、剑指分向两侧；目视前下方。（图5-2-51、图5-2-51附图）

要点: 剑尖、剑指分得不要太大，边撤步边分开，动作要连贯协调。

图5-2-49

图5-2-50

图5-2-51

图5-2-51附图

25. 顺水推舟

动作说明： 向前左、右、左连续上步；同时双臂外旋，右手掌心朝上持剑，剑刃朝上，左手剑指搭在右手背处，将剑自下向身前渐渐撩起，高与胸平；目视前方。（图5-2-52～图5-2-54）

要点： 向前上三步与剑的撩起要协调一致，绵绵不断，眼随剑走。

图5-2-52

图5-2-53

图5-2-54

26. 金风扫地

动作说明：撤右步，左脚向后插步，向右转体成卧步；同时右手掌心朝下持剑向身后扫出；拧身回头，目视剑尖。此式又名"平沙落雁"。（图5-2-55）

要点：撤步与扫剑要协调一致，以身带剑、剑随身走。

图5-2-55

27. 凤凰三点头

动作说明：

（1）起身上右步；同时右臂外旋，掌心朝上持剑向前上方点出，高过头部；目视右上方。（图5-2-56）

图5-2-56

（2）身步不动；右臂内旋向下屈腕点剑；眼随剑走。（图5-2-57）

（3）向左微转身，上右步、拧身回视时，右手持剑向右下方弧线劈出；目视劈剑方向。（图5-2-58）

要点：上下点剑与后劈剑要连贯、迅捷，点剑时力达剑尖。

图5-2-57

图5-2-58

28. 快马加鞭

动作说明： 接上式，连续上步的同时，右手持剑，在身后上下屈腕劈点3次；拧身转头回视。（图5-2-59、图5-2-60）

要点： 连续上步与劈剑要同步完成，劈剑完全用腕部力量，身后劈点剑的动作犹如手持马鞭打马疾驰。

图5-2-59

图5-2-60

动作说明：接上式，左转身，在左脚前扣右步；同时右手举剑至头顶上方，剑尖朝下，自身后经头部向面前弧线下劈，劈剑时提左膝成右独立步；左手剑指上架至头部左上方；目视剑尖。（图5-2-61、图5-2-62）

要点：劈剑时要提膝长身，姿势要挺拔，以腰带臂向斜下方劈剑、力达剑身下缘。

图5-2-61

图5-2-62

30. 剪腕

动作说明：

（1）向身体左前方落左脚，再上右步，脚尖点地成右虚步；同时右手持剑向手臂外侧方向点击，左手剑指按于右手腕处；眼随剑走。（图5-2-63）

（2）向右前方横上右脚，在体前上左脚，脚尖点地成左虚步；同时右手持剑向手臂内侧斜上方点出，左手剑指按于右腕处；目视剑尖。（图5-2-64）

要点： "剪腕"是剑法中最重要的技法之一，剪腕时一定要屈腕，将腕部力量作用在剑尖上；步法、身法、剑法要协调合一，动作敏捷灵动。

图5-2-63

图5-2-64

31. 金针入地

动作说明： 在右脚前上左步；同时向左拧身，右臂内旋、剑尖朝下，下插于左脚外侧，左手剑指搭在右手腕部；向左转头，目视剑尖。（图5-2-65）

要点： 剑尖向下垂直于地面，脚到剑到力也到，身剑合一方为真。

图5-2-65

32. 凤凰展翅

动作说明： 向体前上右步；同时右臂外旋、掌心朝上，左手剑指向左前上方展开；目视剑尖。（图5-2-66、图5-2-66附图）

要点： 剑法随步法变换，以身带腕、以腕带剑。

图5-2-66

图5-2-66附图

33. 玉带围腰

动作说明:

(1) 扣左脚、上右步; 右手持剑旋腕将剑在面前旋转云片后收回横于腹前,左手剑指按于右腕处。(图5-2-67 ~ 图5-2-70)

图5-2-67

图5-2-68

图5-2-69

图5-2-70

（2）向右转体一周；随之双臂左右展开，将剑向身后扫出，剑尖斜朝下；目视剑尖。（图5-2-71~图5-2-73、图5-2-72附图）

要点：剑法随摆扣步法变换，上下协调，以身带腕、以腕带剑。

图5-2-71

图5-2-72

图5-2-72附图

图5-2-73

34.望月摘星

动作说明：

（1）左转身摆左步、扣右步；同时双臂内旋，翻成掌心朝上时，合抱于胸前；剑尖朝后。（图5-2-74、图5-2-75）

（2）继续向左转体，上左步；左臂外撑，右臂持剑翻腕在头部上方云剑；同时扣右脚，剑向左上方弧线片出；目视剑尖。（图5-2-76、图5-2-77）

要点：摆扣步要自如，动作连绵不断，一动无有不动。

图5-2-74

图5-2-75

图5-2-76

图5-2-77

35. 开剑

动作说明：向身前上右步；同时右手掌心朝上持剑，将剑尖向身体右前方横向伸出；目视剑身。（图5-2-78）

要点：剑法随步法变换，以身带腕、以腕带剑，身体形成合劲。

图5-2-78

36. 掖剑

动作说明：右转身、扣左脚；同时右臂内旋，持剑经腰间向身后刺出，左手随剑而行准备接剑；拧身转头，回视剑尖。（图5-2-79、图5-2-80）

要点：掖剑与转身动作协调配合，以身带剑。

图5-2-79

图5-2-80

37. 仙人指路

动作说明：

（1）接上式，身体继续右转；以摆扣步法完成掖剑、反穿剑，随之剑交左手；目视前方。（图5-2-81、图5-2-82）

（2）面朝起势方向撤右步，左脚脚尖点地成左虚步；同时左手持剑垂于身体左侧，右手剑指向身体正前方刺出；目视剑指方向。（图5-2-83、图5-2-84）

要点：摆扣步协调连贯，身随步走、步随身转，同时利用摆扣步找到起势的方向后接虚步前指动作。

图5-2-81

图5-2-82

图5-2-83

图5-2-84

38. 收势

动作说明：右脚上步成并步直立；双手垂于体侧；目视前方。（图5-2-85）

要点：精神贯注，气沉丹田，气定神怡。

图5-2-85

第三节　八卦刀

八卦刀是八卦掌门传统短兵器之一。本节展示的套路为传统八卦滚手刀，它将各种刀法融为一体，并特别强调腕上的功力，此即滚手。八卦滚手刀要求在走、转、翻、旋时，刀身合一，步随身换，人随刀走，连环多变。

八卦刀与普通刀的规格有很大不同，传统八卦刀要求刀身长三尺，柄长一尺二寸，共四尺二寸，重约5~8斤。习练八卦刀须以八卦掌为基本功，在熟练掌握趟泥步、摆（掰）扣步等基础步法和八卦掌的基本掌法的基础上，才能更好地体现八卦刀法的精妙。八卦滚手刀风格特点鲜明，沿圈走转，稳如坐轿，形如推磨；腰身灵活多变，动如游龙，转如立轴，身如拧绳；刀法丰富，变换多端。本套刀法选取传统套路中的4段动作，共计43式（含预备式、起势、收势）。

一、动作名称

预备式

起势

第一段

1. 盘龙举首	4. 暗度陈仓	7. 海底捞月
2. 行船靠岸	5. 木浮旋涡	8. 游龙戏水
3. 飞鱼撞网	6. 天边扫月	9. 摇旗走转

第二段

1. 蛟龙出水
2. 力劈华山
3. 卷珠倒帘
4. 夜叉探海
5. 大鹏展翅
6. 恶浪排空
7. 怪蟒翻身
8. 灵猫戏尾
9. 探海走转

第三段

1. 节外生枝
2. 旁敲侧击
3. 得寸进尺
4. 川流不息
5. 盘龙探首
6. 腰横玉带
7. 鞭劈入里
8. 平步青云
9. 支窗望月
10. 春风得意
11. 摇旗走转

第四段

1. 孤雁出群
2. 周仓扛刀
3. 肘后飞金
4. 叶底藏花
5. 左顾右盼
6. 左右封圆
7. 大蟒缠身
8. 乱云飞渡
9. 背后插刀
10. 借刀杀人
11. 完璧归赵

收势

二、动作图解

预备式

动作说明：左手持刀并步站立，刀背贴于左臂内侧，刀刃向前，面向圆心；目平视远方。（图5-3-1）

要点：舌抵上腭，气沉丹田，周身关节放松。

图5-3-1

动作说明：身体右转，并步站立；右掌外翻上托至与肩同高时，向上、向内、向胸前下按；同时坐身屈膝，再横掌前推。（图5-3-2～图5-3-5）

要点：推掌要松肩、撑肘，臂不可伸直；虎口撑圆，掌心涵空；眼随手走。

图5-3-2

图5-3-3

图5-3-4

图5-3-5

第一段

1. 盘龙举首

动作说明： 接起势，撤右脚成左虚步；同时右掌外旋由胸前向下、向后、向上弧形亮掌于右额上方，掌心斜向上，左手持刀由身体左侧抬起向前划弧再屈臂抱于胸前，刀尖朝前；目视前方。（图5-3-6）

要点： 动作要协调连贯，溜臀屈膝下坐，眼神与刀尖方向一致。

图5-3-6

2. 行船靠岸

图5-3-7

动作说明： 左脚上步成左弓步；同时两臂前后分拨；目视刀柄方向。（图5-3-7）

要点： 前后手的分拨与左脚前踏同时用力，不可松懈无力。

3．飞鱼撞网

动作说明：接上式，左脚活步外撤，进右脚成右弓步；同时右掌立掌从左肘下向前直穿，掌心向左，左臂同时屈肘后撤，持刀姿势不变；目视前方。（图5-3-8）

要点：上步、穿掌、撤肘要协调一致。

图5-3-8

4．暗度陈仓

图5-3-9

动作说明：接上式，撤右脚成左虚步；同时右臂屈肘内旋，用力向后猛带至胸胁部，掌心斜向外，左手持刀借右手后撤之力向前直臂拧钻。（图5-3-9）

要点：撤步转身时，以拧腰送左胯之力，带动两臂前伸后带。

5. 木浮旋涡

动作说明:

（1）接上式，两手姿势不变；左脚内扣，右脚外摆；上体向右后转。（图5-3-10）

（2）上动不停，左脚绕扣至右脚外侧，两脚成倒八字。（图5-3-11）

要点: 两脚摆扣不停，身随步转，刀随身行，刀、身、步要运动一致。

图5-3-10

图5-3-11

6. 天边扫月

动作说明: 接上式，左脚上步、活右脚成右弓步；同时，右手接刀，向右后上方斜扫，身体也随之向右后旋转。（图5-3-12）

要点: 步法变化与扫刀要协调一致。

图5-3-12

7. 海底捞月

动作说明：

（1）接上式，右手持刀先向右上方拉展，再外翻向前下方，如水中捞物。（图5-3-13、图5-3-13附图）

（2）上动不停，右手持刀向前、向上撩出；左脚随势向左前方上步，成左弓步；左手平衡助力；目视前方。（图5-3-14）

要点：刀向右上方拉展时，左脚要随之提至右脚内侧，再向左前方迈出。

图5-3-13

图5-3-13附图

八卦掌

162

图5-3-14

8. 游龙戏水

动作说明：

（1）接上式，右脚上步极力外摆；同时左掌向右腋下后方推按，右手持刀滚腕内旋上挑；目视刀尖。（图5-3-15）

（2）上动不停，左脚向右脚外扣步，右脚再上步；同时右臂屈肘沉刀，使刀背朝下置于右肩外侧。（图5-3-16）

要点：在翻身时，刀尖指向位置不能有左右或高低之变动；眼睛始终盯着刀尖，以刀尖为系点旋转拧翻。

图5-3-15

图5-3-16

9. 摇旗走转

动作说明：

（1）接上式，右脚向左脚前扣步；同时右手刀劈至左胯侧。（图5-3-17）

（2）上动不停，右脚外摆；右手刀扫至右胯侧，随后右手向上平托刀，左臂伸展，向右沿圈托刀走转。（图5-3-18、图5-3-19）

要点：走转时要严格按八卦掌转圈之要求，刀指圆心，目视刀尖方向。

图5-3-17

图5-3-18

图5-3-19

第二段

1. 蛟龙出水

动作说明：

（1）接上式，托刀走转一圈后换此式，右脚在前时，左脚向前沿圈扣步；同时刀尖向下，由身体右侧向后、向上、向前舞花划圆后向前劈刀，左手顺势扶于刀背之上；目视前上方。（图5-3-20、图5-3-21）

图5-3-20

图5-3-21

（2）上动不停，回身摆右步，左脚上步成左弓步；同时左手推刀背；目视刀尖方向。（图5-3-22、图5-3-23）

要点：舞花、劈、拉、托刀要连贯、舒展，要和转身、摆扣步协调一致。

图5-3-22　　　　　　　　　　　　　图5-3-23

2. 力劈华山

动作说明：接上式，扣左脚，活右脚成右弓步；同时回身向右后劈刀，左掌后伸；目视刀尖方向。（图5-3-24）

要点：转身劈刀时，要先回头看，同时要与前式左手上托之式配合一致。

图5-3-24

3. 卷珠倒帘

动作说明：

（1）接上式，右脚回收成虚步；同时右手持刀外旋向上、向左收至左胸前，左手附于右腕内侧。（图5-3-25）

（2）上动不停，向前上右脚再上左脚成左弓步；同时右手刀向后、向下、向前推撩。（图5-3-26）

（3）上动不停，左脚蹬地，提左膝成独立步；同时右手刀向前、向上提撩刀，左手顺势附于刀背；目视刀尖方向。（图5-3-27）

要点： 撩刀和提左膝要同时完成，独立要稳，要含胸拔背收臀；手臂成弧形。

图5-3-25

图5-3-26

图5-3-27

4. 夜叉探海

动作说明：接上式，左脚向左前方落步，成左弓步；右手持刀同时向左前下方探刺，左手同时顺右臂向后滑至前臂内侧；目视刀尖方向。（图5-3-28）

要点：探刺要与落步相一致；右手前刺，左手要同时后移，右胸胁要极力舒展。

图5-3-28

5. 大鹏展翅

图5-3-29

动作说明：接上式，回身的同时两臂分别向前后分展，成右弓步劈刀式；目视刀尖方向。（图5-3-29）

要点：劈刀要和右弓步同时进行，两臂前后对称平衡。

6. 恶浪排空

动作说明： 接上式，回身右脚上步成右弓步撩刀，刀刃朝上；左臂同时顺势向左后水平伸展；目视刀尖方向。（图5-3-30、图5-3-31）

要点： 回身时要先摆左脚，再上右脚成右弓步，与撩刀协调相配合。

图5-3-30

图5-3-31

7. 怪蟒翻身

动作说明：

（1）接上式，右脚上步外摆；同时左掌向右腋下后方推按，右手持刀内旋上提，刀刃朝上；目视刀尖。（图5-3-32、图5-3-32附图）

（2）上动不停，左脚向右脚外侧扣步，右脚上步成右弓步；同时以刀尖指向为原点，目视刀尖，原地在刀下拧腰翻身；右手持刀姿势不变，向右前方平刺，刀刃向上，左手扶于右腕脉门处；目视刀尖方向。（图5-3-33、图5-3-34、图5-3-34附图）

要点：扣步、拧腰、转刀要协调一致，目光始终盯住刀尖；刀尖指向不能上下左右晃动，全靠腰身拧翻。

图5-3-32　　　　　　　　　　　　图5-3-32附图

图5-3-33

图5-3-34　　　　　　　　　　　　　图5-3-34附图

8. 灵猫戏尾

动作说明：

（1）接上式，右脚收至左脚内侧；同时拧腰左转，向左后下方看；右手持刀随之下落于左臀部后方，左手垂于体侧。（图5-3-35）

（2）上动不停，右脚外摆；右手持刀右扫。（图5-3-36）

（3）上动不停，两脚随势不停地走摆扣步，走一小圈；刀随身转一周，置于右膝外侧，刀尖向前，刀刃朝外，左手也随转置于体侧，身向前倾；目视刀尖。（图5-3-37）

要点：转身要松腰坐胯，刀向尾间时要活动左脚，摆扣旋转走圈要神形兼备，有灵猫戏尾之势，不可有呆滞之象。

图5-3-35

图5-3-36

图5-3-37

9. 探海走转

动作说明：接上式，向右后拧腰；右手持刀后拉至右后方；左脚同时前移，成左虚步；右手持刀由右后向上、向左后、圆心处划圆贯扎，左手置于右腋下；随后两脚交替沿圆拧身向左走转；目视圆心。（图5-3-38）

要点：拧腰、摆头、运刀要协调、圆满，右胁要舒展，腋要虚，神要领。

图5-3-38

第三段

1. 节外生枝

动作说明：接上式，走圈至起势位置时换此式，右脚停步，左脚向左横跨步；同时右手刀尖下落，直至刀尖下垂，并随移步之势收拉至左膝前，刀背向内，刀尖朝下，左掌立于右臂前；目视右肩外侧。（图5-3-39、图5-3-40）

要点：跨左脚与刀垂落同时进行。

图5-3-39

图5-3-40

2. 旁敲侧击

动作说明：接上式，右脚上步成右弓步；同时抡刀向右劈，左掌向上移至左上方，掌心斜向上；目视刀尖方向。（图5-3-41）

要点：右劈刀时，要摇腕使刀在胸前做顺时针旋转。

图5-3-41

3. 得寸进尺

图5-3-42

动作说明：接上式，进左脚；同时右手滚腕外翻，横刀向前直推，左手收至刀柄处。（图5-3-42）

要点：推刀时整个身体要有前拥之势。左手拨拉刀柄的动作要在前拥推刀之势将尽时骤然发出，快如闪电。

4. 川流不息

动作说明：

（1）接上式，上右脚成右弓步；同时两手分拉至身体两侧。（图5-3-43）

（2）上动不停，上左脚成左弓步；两手相合，刀尖向前。（图5-3-44）

（3）上动不停，左脚内扣，右足后撩；同时右手滚腕，刀向上、向右拉抹，刀刃朝上，刀尖朝后，左掌顺势沿刀背向左后伸展；目视刀尖方向。（图5-3-45）

要点：转身后撩腿与向右拉刀同时进行。

图5-3-43

图5-3-44

图5-3-45

5. 盘龙探首

动作说明： 接上式，右脚下落成歇步；右手持刀向后平刺，左掌同时收于右肩前；目视右前方。（图5-3-46）

要点： 歇步要稳，右膝抵住左膝窝，刺刀要靠两臂交叉之力和扭身下坐之力。

图5-3-46

6. 腰横玉带

图5-3-47

动作说明： 接上式，起身右转，右脚上步，成右弓步；同时右手刀向右横斩，左手随之向左后伸展；目视刀尖方向。（图5-3-47）

要点： 起身、劈刀要同时，借助拧腿翻腰。

7. 鞭劈入里

动作说明：接上式，左回身，左脚收回成丁虚步；右手滚腕外翻，使刀刃朝上，由右向左前上方再向右后下方劈撩，左掌同时收至肋下；目视左方。（图5-3-48）

要点：上下协调一致，劈撩动作不可分开。

图5-3-48

8. 平步青云

图5-3-49

动作说明：接上式，左脚向前活步，向后仰身，右脚前蹬；右手持刀向前、向上顺右肩上向后反刺，刀尖朝后，左掌前伸；目视刀尖方向。（图5-3-49）

要点：仰身前蹬、后刺要平稳，协调有力。

9. 支窗望月

动作说明： 接上式，右脚下落向右后撤步，左脚后撤，靠近右脚，脚尖点地；同时右手持刀后撩，刀尖斜下垂，左掌回收立于右肩前，状似支窗望月；目视右手。（图5-3-50）

要点： 移步后撩要协调一致；要舒右胁、拧颈斜上看；要屈膝下蹲。

图5-3-50

10. 春风得意

动作说明： 接上式，左脚向前上步；同时，身体腾空左转；双手持刀也随之上举左转做劈刀之势，双脚落地后成右仆步劈刀式。（图5-3-51～图5-3-53）

要点： 转身起跳刀要协调一致，刀线要圆。

图5-3-51

图5-3-52

图5-3-53

11. 摇旗走转

动作说明： 接上式，右脚上步；右手刀顺势撩起，再拧腰右转，左臂展开；目视刀尖方向。两脚交替前进沿圈向右走转一至数圈。（图5-3-54）

要点： 此式要求与第一段第八式之"游龙戏水"和第九式之"摇旗走转"相同。

图5-3-54

第四段

1. 孤雁出群

动作说明：接上式，行步走圈至右脚在前时，左脚向右脚前迈扣，右转身，右脚向右前方活步；同时右手滚腕内翻于胸前，再向右分拨外展，使刀刃向右方反撩，刀刃斜向下，刀柄略比肩高，左手置于右腋下；目视刀尖方向。（图5-3-55～图5-3-57）

要点：扣步、活步、反撩要协调一致。

图5-3-55

图5-3-56

图5-3-57

2. 周仓扛刀

动作说明：

（1）接上式，重心左移，右脚外摆，随后左脚上步内扣；右手提刀至头上。（图5-3-58、图5-3-59）

（2）上动不停，身体右转，右脚向右撤步成右弓步；同时，右手刀随转身之势上提，高过头顶，随后使刀背落于右肩上，左手附于右腕处；目视前方。（图5-3-60、图5-3-61）

要点：刀势之变化完全由步法、身法所带动，所以在运步转身时，刀势要紧密相随，协调一致。

图5-3-58

图5-3-59

图5-3-60

图5-3-61

3. 肘后飞金

动作说明：接上式，撤右脚成左虚步；同时右手持刀将刀柄向头左侧移过，使刀背由左肩向下，紧贴左锁骨、右胸、右胁运动，用力向右腋后屈肘猛带，左掌前推；目视前方。（图5-3-62~图5-3-64）

要点：撤步与拉刀要协调一致。

图5-3-62

图5-3-63

图5-3-64

4. 叶底藏花

动作说明： 接上式，身体左转；同时右手握刀随转身之势在腋下沿胸肋绕圈向身后推刺，刀尖朝向左后方，左手由刀上盘肘，置于右肩上；目视刀尖。（图5-3-65、图5-3-65附图）

要点： 动作要协调一致；推刀之手除借旋腰之力外，还要拧颈送肘、加速加力。

图5-3-65

图5-3-65附图

5. 左顾右盼

动作说明：

（1）接上式，右脚外摆，左脚上步成右弓步，身体向右转身半周；同时，右手刀随转身向右横扫，左掌外撑；目视刀尖。（图5-3-66）

图5-3-66

（2）上动不停，身体左转做摆扣步一周后成左弓步；同时，左手托刀背，右手刀在头顶上方旋转一周，随后右手置左腋下拉刀柄，左手顺势向左搂刀背，使刀尖指向左前方，刀刃向内；目视刀尖方向。（图5-3-67～图5-3-69）

要点：此式运步、转身与左右手的推、拉、拨刀要密切配合，协调连贯。

图5-3-67　　　　　　　　　　　　　　　图5-3-68

图5-3-69

6. 左右封圆

动作说明：接上式，向右转身，摆右脚、扣左脚、再撤右脚成右弓步；右手刀随转体横扫一周，左掌外撑；目视刀尖方向。（图5-3-70~图5-3-72）

要点：此式要摆扣分明，旋转稳健，刀随身转，圆满无缺。

图5-3-70

图5-3-71

图5-3-72

7. 大蟒缠身

动作说明：

（1）接上式，重心移于左脚；同时向右转身，右手持刀外旋，使刀尖由右前方旋转至左后方，刀背贴于左肩背，刀刃朝外；眼神随刀尖旋转。（图5-3-73、图5-3-74）

（2）上动不停，右手持刀随转身之势，向右腋后下拉，刀背紧贴前胸。（图5-3-75）

（3）上动不停，右手持刀向右上提，使刀背紧贴胸腹，刀尖朝下；目视前下方。（图5-3-76）

（4）上动不停，右手持刀背随转身之势紧贴后背，刀尖于背后斜上竖，左手回抱右胸前；目视右前方。（图5-3-77）

（5）上动不停，上肢动作不变，身体右转做摆扣步一周；目视右前方。（图5-3-78、图5-3-79）

要点：刀如蟒蛇绕身缠转，腰、腿、足、肩、手要配合密切。

图5-3-73

图5-3-74

图5-3-75

图5-3-76

图5-3-77

图5-3-78

图5-3-79

8. 乱云飞渡

动作说明:

（1）接上式，身体左转，做摆扣步一周；同时右手刀向左在头顶盘旋一周，左手搂刀背向左扫至左腋下。（图5-3-80～图5-3-82）

（2）上动不停，身体右转做摆扣步一周；右手持刀以刀背击出，左掌向左后方伸展；目视刀尖。（图5-3-83～图5-3-86）

要点：刀势要如行云流水，脚不停地走、腰不停地转、手不停地推，眼随刀走，神领刀转。

图5-3-80

图5-3-81

图5-3-82

图5-3-83

图5-3-84

图5-3-85

图5-3-86

9. 背后插刀

动作说明：

（1）接上式，左转身成左弓步；右手同时举刀柄过头顶后使刀背扛于左肩，左掌向左后伸展。（图5-3-87）

（2）上动不停，右手拉刀柄，使刀背贴沿左肩、前胸下滑，至刀尖朝左上，左掌向左平伸；目视刀身。（图5-3-88）

（3）上动不停，左转身；提右肘、舒右胁、提刀柄，使刀背贴于右胸，刀尖朝下。（图5-3-89）

（4）上动不停，上身前俯；右手同时向前下压按刀柄，刀刃朝上。（图5-3-90）

图5-3-87

图5-3-88

图5-3-89

图5-3-90

（5）上动不停，右转身成右弓步；右手持刀向后伸臂直刺，左掌后伸；目视刀尖方向。（图5-3-91）

要点：此式乃背后插刀接反刺，必须活肩、松腰、下势有机配合，以身运刀。

图5-3-91

10. 借刀杀人

动作说明：

（1）接上式，右手运刀回身向左后方劈出；目视刀尖。（图5-3-92）

（2）上动不停，右、左撤步；同时双手向右拉刀；目视左前方。（图5-3-93）

（3）上动不停，右手将刀柄交于左手，左手接刀向左前上方猛刺；同时进左脚，提右膝，右掌附于刀柄，成左独立步；目视刀尖方向。（图5-3-94）

图5-3-92

图5-3-93

（4）上动不停，回身落右脚；同时转身向右后劈刀，成右弓步；目视刀尖方向。（图5-3-95）

（5）上动不停，左、右撤步；同时双手向左拉刀成右虚步；目视右前方。（图5-3-96）

（6）上动不停，左手将刀柄交于右手，右手接刀向右前上方猛刺；同时进右脚，提左膝，左掌后伸，成右独立步；目视刀尖方向。（图5-3-97）

要点： 劈、拉、刺三个动作要与步相随；前刺时要和提膝相配合，左右手相互借刀动作要准确，劲力要和顺、一致。

图5-3-94

图5-3-95

图5-3-96

图5-3-97

11. 完璧归赵

动作说明：

（1）接上式，落左脚向左转身；同时右手滚腕内翻，运刀向左后下劈；目视刀尖方向。（图5-3-98）

（2）上动不停，原地右转一周做摆扣步，随即右脚后撤成左弓步；同时右手上提刀随转身旋转360°，成左弓步接刀；目视前方。（图5-3-99~图5-3-102）

要点：转身与脚步的摆扣要协调配合。

图5-3-98

图5-3-99

图5-3-100

图5-3-101

图5-3-102

收势

动作说明:

(1)接上式,左脚撤步成并步;左手持刀自然落手至左大腿外侧,刀刃朝前;同时右手向下、向后、向上撑掌。(图5-3-103)

(2)上动不停,右掌向内划弧,经胸前置于右大腿外侧;自然站立。(图5-3-104)

(3)上动不停,身体左转;上右脚、并左脚,并步站立;目视前方。(图5-3-105、图5-3-106)

图5-3-103

图5-3-104

图5-3-105　　　　　　　　　　　　　图5-3-106

要点： 动作要自然连贯，呼吸顺畅，气归丹田。

注： 此套路熟练后，段与段之间可随意调换重新组合，也可以删减段落或把每段的转圈省去，以压缩练习时间。

第四节　八卦子午鸳鸯钺

　　八卦钺为"八卦掌"门内独特的一种短兵器，为双器械，也是八卦掌门最具代表性的器械之一。八卦钺又称为八卦子午鸳鸯钺，其全名是：鹿角、凤眼、鱼尾、蛇身、熊背，四尖九刃十三锋。

　　此器械左右两个都呈月牙形，除手柄外，前后左右都是刃，锋利无比。双钺互抱，形似阴阳鱼，又分子午，一雄一雌，左钺为乾、右钺为坤。演练时开合交织，不即不离，酷似鸳鸯，故名"子午鸳鸯钺"，亦名"日月弧形剑""日月乾坤剑""鹿角刀"等。其基本技法讲究勾挂擒拿、拉割挑扎、削攒劈剁、抹撩带化。演练方法和八卦掌的练习方法基本相同，以八卦绕圆走转为基础，充分运用八卦掌灵活多变的身法，走闭开合，动中求变，随心所欲，变化万端，易攻难防。八卦钺演练起来，以肩催钺，身钺协调一致，其势如鹞子入林、蛟龙闹海，起伏转折，上下翻飞，具有很强的观赏性。

一、动作名称

二、动作图解

1. 起势

动作说明： 并步直立；双手握钺垂于身体两侧；目视前方。（图5-4-1）

要点： 舌抵上腭，气沉丹田，周身关节放松，自然站立。

图5-4-1

2. 举日望月

动作说明：左脚向前上步；双手握钺，掌心向上，双钺鱼尾相交向前上方推出，名"举日"；双钺落下，上右步的同时双臂内旋，使双钺鹿角相交向前上方推出，名"望月"；目视双钺推出方向。（图5-4-2、图5-4-3）

要点：上步与推钺要同时，动作连贯协调。

图5-4-2

图5-4-3

3. 老翁撒网

动作说明：向左转身，上左步；左钺在左膝前自右向左勾带；同时右钺鹿角朝体前平扫而出；目视右钺平扫方向。（图5-4-4）

要点：双钺钩扫与身法协调配合。

图5-4-4

4. 退步搂钺

动作说明：向后方撤右脚，身体
微向右转；右钺鹿角在右膝前下搂，
再划弧举至头部右侧；并左脚，脚尖
点地；左钺鹿角在左膝前下搂置于左
膝外侧；目视前方。（图5-4-5）

要点：屈膝坐胯，双钺上下严密
防护。

图5-4-5

5. 青龙探爪

动作说明：起身；双钺落下至身侧，随即上左步；同时双钺上挑，左钺在上，
右钺在下，向左拧腰走圈；目视左钺。（图5-4-6～图5-4-8）

要点：上挑双钺要以身带腕，以腕带钺。

图5-4-6 　　　　　　　　图5-4-7 　　　　　　　　图5-4-8

6. 闭门掩钺

动作说明：上右脚扣步；同时左臂内旋屈肘，左钺鹿角朝上在面前向右拧臂掩钺，右手持钺置于左肘之下；目视左钺。（图5-4-9）

要点：扣步与掩钺需协调配合，带有勾挂之力。

图5-4-9

7. 叶底藏花

动作说明：原地摆左脚，向左转体；同时左臂内旋在胸前横撑左钺，右钺不动；上右脚扣步，向左转体；左钺不动，右钺鹿角朝上，向左腋下推出；目视右钺推出方向。（图5-4-10、图5-4-11）

要点：摆扣步、转体与左钺横扫、右钺腋下推出协调配合。

图5-4-10

图5-4-11

8. 行步撩衣

动作说明：向右转体；右钺向右后方穿出；上左脚扣步，右脚向右侧横跨；同时右钺经身体前侧划弧向右上方撩出，左钺置于腹前；目视右钺。（图5-4-12、图5-4-13）

要点：右步横跨与撩钺需协调配合，撩钺力达鹿角。

图5-4-13

图5-4-12

9. 脑后摘盔

动作说明：上左脚扣步；同时左手掌心向上、向前方穿钺；向右转身；左钺经由脑后向右肩前方推出；目视左钺。（图5-4-14～图5-4-16）

要点：转身、穿钺要协调配合，头颈部保持正直。

图5-4-14　　　　　　　　图5-4-15　　　　　　　　图5-4-16

10. 燕子抄水

动作说明： 蹲身向右后方撤右脚；同时勾右钺沿右腿外侧穿至右脚上方；目视右钺。（图5-4-17、图5-4-18）

要点： 蹲身要突然、迅速，与穿钺动作协调一致。

图5-4-17　　　　　　　　　　　　图5-4-18

11. 走马活携

动作说明： 接上式，向上撩右钺至与肩平；重心左移、向左拧腰；左钺在左膝上方平圆搂勾，收回至腰际；目视右钺。（图5-4-19～图5-4-21）

要点： 以身带臂，进而带动双钺，注意腰胯的拧转与双钺旋转的协调配合。

图5-4-19　　　　　　　　　　　　图5-4-20

图5-4-21

12. 叶底藏花

动作说明：上左脚扣步，与右脚成"八"字，身体右转；左钺鹿角朝上，向右腋下推出；目视左钺推出方向。（图5-4-22）

要点：扣步、转体与左钺腋下推出协调配合，转腰幅度尽量大。

图5-4-22

13. 背身吐信

动作说明：

（1）接上式，回身左转；左钺向左后方平扫。（图5-4-23）

（2）上右脚扣步；左钺以肘为轴，在面前自左向前划弧云片后扎出；同时再上左步；右钺置于左肘下方。（图5-4-24、图5-4-25）

（3）上右脚扣步；左手持钺，屈臂折肘，右手持钺置于左肘下方。（图5-4-26）

图5-4-23

图5-4-24

图5-4-25

图5-4-26

（4）摆扣步向左转体，随后上左步；左钺前穿。（图5-4-27、图5-4-28）

（5）上右脚成半马步；右、左双钺分别向身体两侧穿出；眼随钺动，目视双钺穿出方向。（图5-4-29、图5-4-30）

要点：步法与双钺的穿扎协调配合，以腰带动，灵活协调。

图5-4-27　　　　　　　　　　　　　图5-4-28

图5-4-29　　　　　　　　　　　　　图5-4-30

动作说明：收左脚；左钺置于腹前，右钺举至头顶；随后上左步撩左钺，上动不停并右脚；同时右钺向前撩出；目视前方。（图5-4-31～图5-4-33）

要点：双钺随着步法协调配合，发劲冷脆。

图5-4-31

图5-4-32

图5-4-33

15. 阴阳鱼

动作说明：

（1）上左脚扣步，身体右转；左钺鹿角小尖朝下，向右肩外推出。（图5-4-34）

（2）向右转体，摆右脚；右钺从左肘下方横拨至面前；继续向右转体，摆扣步同时左钺在前、右钺在后，前后推出成阴阳鱼状；目视前方。（图5-4-35 ~ 图5-4-37）

要点：双钺随着身法的拧转与步法协调配合，摆扣走转时保持立身中正。

图5-4-34

图5-4-35

图5-4-36

图5-4-37

16. 仙人指路

动作说明：上左脚摆步，身体左转；左钺向斜上方砍出；上右脚扣步；左钺下搂，右钺从身体后方向前扎出；身体前探同时收左脚成并步；目视右钺。（图5-4-38~图5-4-40）

要点：步法与双钺协调配合，劲力完整、一气呵成。

图5-4-38

图5-4-39

图5-4-40

动作说明：接上式，屈膝蹲身；双钺经体前向左前方上撩出，后随步法移动，双钺随之反向撩出；眼随钺动。（图5-4-41～图5-4-45）

要点：双钺撩出时走立圆，随着步法、身法而变换，协调一致。

图5-4-41　　　　　　　图5-4-42　　　　　　　图5-4-43

图5-4-44　　　　　　　　　　图5-4-45

18. 拨草寻蛇

动作说明：上左脚扣步，左转回身；右钺经过头顶与左钺在腹前交叉，随之撤右脚成虚步；双钺左右分拨于身体两侧；目视前方。（图5-4-46、图5-4-47）

要点：双臂圆撑，双钺有回挂之力。

图5-4-46

图5-4-47

19. 日月并行

动作说明：双钺自然垂落于体侧；上左步同时双钺自下而上向胸前勾挑；目视前方。（图5-2-48～图5-2-50）

要点：双钺随着步法协调配合，发劲冷脆。

图5-4-48

图5-4-49

图5-4-50

20. 顺水推舟（右势）

动作说明：撤右脚后回收左脚；双钺在体前向右下搂钺；随之上左步；同时双钺鱼尾相对向前推出；目视双钺推出方向。（图5-4-51～图5-4-54）

要点：双钺随着步法、身法协调配合。

图5-4-51

图5-4-52

图5-4-53

图5-4-54

21. 顺水推舟（左势）

动作说明： 撤左脚后回收右脚；双钺在体前向左下搂钺，随之上右步；同时双钺鱼尾相对向前推出；目视双钺推出方向。（图5-4-55~图5-4-57）

要点： 双钺随着步法、身法协调配合。

图5-4-55

图5-4-56

图5-4-57

22. 狮子张口

动作说明： 双掌掌心相对握钺，右上左下成合抱姿势；向左走圈；目视左钺。（图5-4-58）

要点： 注意沉肩垂肘，双钺具有合抱之力。

图5-4-58

23. 力劈华山

动作说明： 右臂外旋，掌心向上握钺向圆心削砍，随之左臂内旋掌心向下握钺也向圆心削砍；摆右步身体向右旋转，右钺自上而下劈下；再上左脚扣步，左钺自上而下劈下；眼随钺动。（图5-4-59～图5-4-62）

要点： 双钺的削砍与身体的拧转协调配合。

图5-4-59

图5-4-60

图5-4-61　　　　　　　　　　　　图5-4-62

24. 双燕振翅

动作说明：右钺用鱼尾向左肩前方砍出；向右转体；同时双钺向身体两侧反臂砸下；目视右钺。（图5-4-63、图5-4-64）

要点：双钺随着步法协调配合，发劲完整。

图5-4-63　　　　　　　　　　　　图5-4-64

动作说明：向左转体；左钺撑出，右钺置于腹前；上右步向右转体；右钺划向右方；随即上左脚扣步，左钺经体前向左前方划出；上右脚扣步，身体左转；右钺划至胸前，左钺收至腹前；目视右钺。（图5-4-65～图5-4-68）

要点：双钺随着步法、身法协调配合。

图5-4-65

图5-4-66

图5-4-67

图5-4-68

26. 黄牛转角

动作说明： 上左步向左转体；左钺划向左方，随即上右步；右钺经左肘下方穿出，左钺置于右臂上方；向右转体；右臂内旋握钺，左臂外旋握钺，右钺在前稍高，左钺在后稍低；同时向右转头，目视右钺。（图5-4-69~图5-4-71）

要点： 双钺随着步法、身法协调配合。

图5-4-69

图5-4-70

图5-4-71

27. 横扫千军

动作说明： 随着摆扣步，身体左转；右钺在头上方划弧云片，左钺从右臂下方划弧撩出；突然摆扣步，身体右转；左钺在头上划弧云片，右钺从左臂下方划弧撩出；上左步，左转身；左钺鹿角大尖朝前自右下向左上横向伸出；上右步，右转身；右钺鹿角大尖朝前自左下向右上横向伸出；眼随钺动。（图5-4-72～图5-4-79）

要点： 双钺随着步法、身法协调配合，注意双钺平行交错与上下位置的互换。

图5-4-72

图5-4-73

图5-4-74

图5-4-75

图5-4-76

图5-4-77

图5-4-78

图5-4-79

动作说明：接上式，原地摆扣步，身体左转俯身；右钺自下而上伸出指天，左钺向下插地，同时屈膝下蹲；目视前方。（图5-4-80～图5-4-83）

要点：双钺一上一下具有对争之力，重心置于右腿。

图5-4-80

图5-4-81

图5-4-82

图5-4-83

29. 枯树盘根

动作说明： 向左上左步；双钺同时向身体两侧展开；目视左钺。（图5-4-84）

要点： 身体前倾，注意含胸拔背。

图5-4-84

30. 转身枯树盘根

动作说明： 接上式，右脚向左侧扣步，并向左转体；同时双钺交叉于腹前；左脚向左上步成半马步；双钺同时向身体两侧展开；目视左钺。（图5-4-85、图5-4-86）

要点： 扣步转身要迅速，成半马步时身体向左前倾，注意含胸拔背。

图5-4-85

图5-4-86

动作说明：起身撤右脚，再向右脚旁撤左脚屈膝下蹲；同时双钺相对，用鹿角自左前方向后回带；上左脚，右脚后插步；同时双钺姿势不变向左前方刺出；目视双钺推出方向。（图5-4-87~图5-4-89）

要点：双钺回带、刺出与身法、步法协调配合。

图5-4-87

图5-4-88

图5-4-89

32. 金风扫地

动作说明： 以右脚为轴，向右转体；双掌掌心朝下握钺，右钺向右脚前方扫出，左钺外撑；目视右钺。（图5-4-90）

要点： 双钺随着步法、身法协调配合，身体前倾，含胸拔背。

图5-4-90

33. 玉带围腰

动作说明： 起身，左转体，带回右钺于体前，继续左转；同时双钺上下翻转，右钺在下、左钺在上平扫而出；目视左钺。（图5-4-91、图5-4-92）

要点： 双钺上下翻转随着步法、身法旋转协调配合。

图5-4-91

图5-4-92

动作说明：身体右转迅速提右膝；同时双钺相对，鹿角朝上向身体右侧横拍而出；目视右钺。（图5-4-93、图5-4-94）

要点：双钺横向拍击与提膝须同时，劲力冷脆。

图5-4-93 　　　　　　　　　　　　图5-4-94

35. 大蟒翻身

动作说明：向左后方落右脚，身体左转；左钺经右腋下穿出，右脚向前点地成虚步；翻身同时左钺向前穿出，右钺向后穿出；目视前方。（图5-4-95～图5-4-97）

要点：双钺随着步法、身法协调配合，尽力仰身。

图5-4-95 　　　　　　图5-4-96 　　　　　　图5-4-97

36. 怪蟒翻身

动作说明：原地摆左步扣右步，向左转体双钺均向下穿出；提左腿，左脚脚尖向前点出；同时右钺向前扎，左钺向后扎；目视前方。（图5-4-98～图5-4-101）

要点：双钺随着步法、身法协调配合，点脚时保持身体平衡。

图5-4-98

图5-4-99

图5-4-100

图5-4-101

动作说明：左脚向后摆步，身体左转；左钺自下而上撩起；上右脚扣步，右钺自下而上撩起；扣左步，穿左钺，再继续摆扣步向左转体，转至面向起势方向，双手抱钺；目视前方。（图5-4-102～图5-4-105）

要点：双钺随着步法变换、身法旋转协调配合。

图5-4-102

图5-4-103

图5-4-104

图5-4-105

38. 三盘落地

动作说明：左脚向左侧上步成半马步，同时双钺缓缓按下，目视左钺。（图5-4-106）

要点：双钺随着步法、身法协调配合，含胸拔背，气要下沉。

图5-4-106

39. 举日望月

动作说明：上左脚；双手握钺，掌心向内，双钺鱼尾相交向头部前上方推出，名"举日"；双钺落下，上右步；同时双臂内旋，双钺鹿角相交向头部前上方推出，名"望月"；目视双钺推出方向。（图5-4-107、图5-4-108）

要点：双钺随着步法、身法而动，协调连贯。

图5-4-107

图5-4-108

动作说明：右脚、左脚依次向后撤步，成并步直立；同时双钺自然落下置于身体两侧；目视前方。（图5-4-109、图5-4-110）

要点：平心静气，呼吸自然，周身放松。

图5-4-109

图5-4-110

参考文献

［1］康戈武，张文广，门惠丰.八卦掌源流之研究（摘要）［J］.北京体育学院学报，1982（3）：61-62.

［2］刘敬儒.八卦掌［M］.北京：北京体育大学出版社，1999.

［3］时传霞，尹洪兰.八卦掌源流的探讨［J］.山东体育学院学报，2013，29（1）：56-59.

［4］王敷.清宫皇家武术——尹氏八卦掌探微［M］.北京：线装书局，2021：26.

［5］尹洪兰.近代中国武术的转型研究［M］.沈阳：东北大学出版社，2016.

［6］《中国武术百科全书》编撰委员会.中国武术百科全书［M］.北京：中国大百科全书出版社，1998.

［7］刘敬儒.八卦掌［M］.北京：北京体育大学出版社，2007.

［8］汪琴.尹氏八卦掌的发展与传承研究［D］.上海：上海体育学院，2018.

［9］徐俊杰.非物质文化遗产视角下的程派高氏八卦掌研究［D］.天津：天津师范大学，2012.

［10］孔令超.沙式武术传承与可持续发展研究［D］.昆明：云南师范大学，2019.

［11］明桂林，狄建强，夏承海.八卦掌研究之历史渊源、项目特点及推广研究［J］.武术研究，2020，5（12）：47-50.

［12］郭玉成，李守培，刘韬光，等.中国武术教育倡议［J］.武术研究，2021，6（12）：2.

［13］孟涛.八卦掌英汉双语学与练［M］.北京：北京体育大学出版社，2009.

［14］汪琴.浅谈八卦掌与八卦的关系［J］.武术研究，2016，1（7）：51-53.

［15］赵铁峰，于超.八卦掌理论内涵初探——阴阳、八卦及易学思想在八卦掌中的指导作用［J］.搏击·武术科学，2008（6）：24-25，28.

［16］方磊.探析周易对太极拳发展的影响［D］.兰州：西北民族大学，2014.

［17］于超.浅论易学视角下的八卦掌［D］.兰州：西北师范大学，2009.

［18］赵进喜.《黄帝内经》与中医现代临床［M］.北京：人民军医出版社，2006：101.

［19］刘敬儒.八卦掌技击与养生［M］.北京：北京体育大学出版社，2009：9.

［20］顾燕冲. 内家拳拳理核心与道教内丹养生思想［J］. 体育科学研究，2014，18（6）：34-36.

［21］李思南，茹凯. 独特的八卦掌养生功法——定式八掌［C］//世界医学气功学会. 世界医学气功学会第五届医学气功学会会员代表会议暨第七届学术交流会议论文集. 北京：世界医学气功学会，2012：5.

［22］凌昆，杨维. 论八卦掌健身机理与健身功效［J］. 搏击·武术科学，2007（8）：36-37.

［23］刘敬儒. 八卦掌技击与养生［M］. 北京：北京体育大学出版社，2020：4.

［24］乔玉成，狄珂. 论内家三拳中的"圆"文化［J］. 武汉体育学院学报，2016，50（7）：68-71，100.

［25］刘敬儒. 八卦掌［M］. 北京：北京体育大学出版社，2007.

［26］李义芹，周传章. 史式八卦掌［M］. 南京：东南大学出版社，2007.

［27］张钰岩，张红明，李娟芬，等. 有氧运动改善心血管功能分子机制研究进展［J］. 世界最新医学信息文摘，2019，19（78）：67.

［28］中国武术大辞典编辑委员会. 中国武术大辞典［M］. 北京：人民体育出版社，1990.

［29］吴兆祥. 中华武术手册［M］. 广州：科学普及出版社广州分社，1989.

［30］郭玉成. 武术谚语辞典［M］. 北京：人民体育出版社，2020.

［31］汉典，歌诀［EB/OL］.［2021-09-20］. https://www.zdic.net/hans/歌诀.

后 记

八卦掌作为浩瀚武林中的一朵奇葩，因其独特的习练风格、良好的健身和技击价值，以及历代八卦掌传人的继承与发扬，如今已成为武术拳种中的代表性拳种技艺，与太极拳、形意拳等并称为武术内家拳。

在"武藏"总编委会的指导下，《武藏（一）八卦掌》编委会汇聚了体育院校专家学者、八卦掌名家传人、博士硕士研究生、专业武术运动员，并特别聘请国家级非遗项目八卦掌代表性传承人刘敬儒老师担任本书顾问。在历时两年多的编写过程中，编委会遵循"武藏"总编委会在分册编撰体例、内容架构等方面的具体要求，以求真务实的工作态度，通过文献梳理、走访调研，对八卦掌的传承与发展、拳理与技法、价值与功能等进行了较为系统的总结，同时对流传比较广泛、影响较大的基础掌法和拳械套路进行了选编与展示。

八卦掌相较于其他拳种虽成形较晚，但经过近200年的发展演变，业已形成尹氏、程氏、梁氏、史氏、樊氏、张氏等诸多风格特点突出的流派体系。历代八卦掌先辈们通过对八卦掌拳法技理的理解和身体的实践，在继承的基础上创新发展，为八卦掌代代传承作出了不可磨灭的贡献。编委会深知责任重大，在编写过程中数易其稿、反复斟酌，对书中不确定的问题通过咨询、查证逐一落实，对尚无定论的内容仅做现状描述，尽量避免争议。

由于八卦掌拳种内容丰富、流派较多，在遵循"武藏"丛书的整体设计与规范的基础上，编写过程中进行了选编，疏漏之处在所难免，冀望读者批评指正，后续再版时补充完善。

后
记

《武藏（一）八卦掌》编委会

2022年10月于北京